功德

緣來如此
第一次拜月老就上手

環‧島‧月‧老‧靈‧廟

拜月老，你還要真心、勇敢

　　瀞文邀請我幫她的大作《緣來如此，第一次拜月老就上手：環島月老靈廟》寫序，我非常樂意地答應，因為向來寫宗教文學和易理議題的我，這幾年轉往廟宇和拜拜的領域發展，和瀞文寫作方向幾乎吻合，兩人頗有可以相互研討的空間，所以我相信，這雖然不是一條月老牽的姻緣線，卻是老天牽的因緣線，有助兩人成長，對讀者提供更豐富的內容。

　　這本書的源起，是瀞文實地參訪全台由北到南三十二家月老殿的紀實，據瀞文自述，她因為求嫁心切，所以拜遍全島知名月老殿，並將圖文 PO 上網和單身族分享，引來網友的熱烈回應。不過我認識的瀞文可不是敗犬或剩女一族，她絕對是一位才貌雙全的女子，擔任紙上紅娘一職，應該是月老派給她的「月光小天使」神聖任務，要來照亮未婚男女的感情迷途。

　　在這本書裡，每章都有一座知名月老廟的歷史、神像、故事、拜拜禮儀等的介紹和照片，並且附有與月老、媒妁、愛情、婚姻相關的典故，還有廟宇的各種觀光資訊，內容非常豐富詳實；此外，〈月老成果之愛情故事〉裡，還有作者遇到的許多人和他們的愛情故事，非常值得追愛的人參考。所以這本書堪稱是「台灣月老小百科」，不但能充分認識月老和祂的相關知識，更是一本月老殿的旅遊導覽，也是一本求愛加油站，讓你在求愛的路上看見他人甜美的果實，因而激發出更大的動力。

　　我經常半開玩笑、半嚴肅地說，以前聯考時代最受年輕人歡迎的神明是文昌帝君，經濟起飛後最受歡迎的神明是財神爺，現在結婚率低和少子化變成國安危機，最受歡迎的神明輪到月下老人了！照理說，現在個人條件越來越好、時代越多元開放，要在對的時間、遇到對的人、做了這件對的事，機率應該要越來越高才對，可是事實卻剛好相反，因為很多人都陷到「自我」的框架裡去了，因此我們應該體認一件事：婚姻是兩個人的事，不是一個人的事，所以應該學會包容、愛對方甚過愛自己，而非以自我為中心，去找一

個可以配合自己的人，如此一來，這條紅線不但很快就會牽成，而且還可牽得長長久久、纏纏綿綿。

　　瀞文在書中說：「在拜月老的同時，除了加深自己要找到『真愛』的決心，更在與神明對話時，確立自己未來的方向為何，想找到什麼樣的對象，共同開創怎樣的生活。就像是自我對話、自我催眠般，心靈竟因這樣的過程感到踏實。」在此容我也置喙一個我拜神得以靈驗的經驗，那便是祈求是要以關心他人和真心愛護為出發點，而非為了自己有所求、有所利。「月老啊，請賜給『我』一個完美的對象，賜給『我』一個美滿的婚姻，讓『我』的人生因而更為順利幸福，事情達成後，我會燒很多紙錢給您！」這樣的祈求神明大概不會太感動吧！

　　「月老啊，請讓命中的那個人早日出現，我會傾生命之力去愛『他』、照顧『他』，『我們』會共組一個美滿的家庭，讓『小孩』在愛中成長，讓我們的家成為社會中一個和諧溫暖的力量。」你的請求如果是真心的，月老一定會感受到，祂不會不幫你的！而事實上，這不但是對神明的請求，也是自己對愛情的承諾、對家庭的應允，而這才是你追求和維護愛情的力量來源。

　　除了拜神，主動積極去追求更是重要，只要你的心是真的，並且夠勇敢，不管是人或是神，都會被你感動的！追求美滿婚姻，現在就上路，加油！

林金郎

宗教文學暨民俗專欄作家
著有《找神》等二十餘種

從北到南拜月老，只求一個好老公

二十八歲那年，參加一團由朋友約的二天一夜中秋烤肉單身聯誼，當天晚上，同行的女性友人在房間裡暗示著，這團朋友的男性友人們皆不是自己的菜，於是其中一個女性友人說起，隔天是月老生日，據說在月老生日當天到迪化街城隍廟求姻緣，無比靈驗。聽得我們一行女性朋友，收拾起這團沒有好對象的失望，希望於隔天拜月老的行程中能夠求得一個好老公。就這樣，開啟我拜月老的大門。

然而，我一直到三十三歲仍是單身一個，是拜月老無效亦或我是個怪胎呢？於是我給自己出了功課，要搜集全台灣最靈驗的拜月老儀式和廟宇，讓我能順利嫁出去，一邊也將遊歷全台有供奉月老廟宇的過程，放在網路上分享，沒想到令網友們不斷地轉貼轉載。

又經過多年，我還是單身一人，似乎可以證實我是怪胎。有趣的是，拜月老的習俗從過往單身男女關起門討論去拜，到這幾年翻轉成了顯學，到處可見「揪團」去拜。所以我身邊的朋友們知道我曾拜過從北到南的月老，總會問著：「哪尊月老最靈？」其實我並沒有研究宗教命理什麼的，甚至還搞不太清楚神格最高是哪一尊神明，也傻傻分不清楚什麼是天上聖母，跟媽祖是什麼關係。我就單純是名信徒，走到廟裡去，燃起三柱清香，誠心站在神明面前，向祂們訴說我的心事。

我說不準哪尊月老最靈驗，卻在遊歷的過程中，進行了一趟台灣歷史的時光旅程，自文明後的十六世紀以來，台灣這塊土地歷經不同民族進進出出，殘留的足跡在全台各處廟宇依稀可見，有些留下來是遺址，有些留下來是神明雕像，有些留下來是建築風格，有些留下來是神蹟故事，讓我走進廟宇，不禁跟著廟方的指示牌，想像著當時先民們為台灣留下的信仰習俗。於是我記錄下全台供奉月老廟宇的起源，同時見證台灣歷史。

我也許說得準哪尊月老靈驗，拜訪全台的月老，祂們不是有著同樣樣貌，或微笑或嚴肅或白皙或黝黑，有的月老是站著有的是坐著。更特別的是，連手上拿的法器也有所不同，基本的手持姻緣簿和柺杖是大家對月老的印象，但也有月老是拿著拂塵或其它法器。這還不打緊，加上各地流傳不同的神奇月老故事，顯得不同廟宇供奉的月老，各有各的功能所在。於是我在本書中依照不同的功能，分門別類地說明不同廟宇的月老有何過人之處。

　　旅程中，除了發現台灣各地不同的風情外，拜月老的信眾展露出一個個獨特故事，是我也很想跟朋友們分享的部分。正因大家有著相同的願望，伴隨著同樣的煩惱：那就是「對的人」何時會出現呢？既期待又怕受傷害的心情令人感觸良深。參拜時，不乏見到單身男女被手上燃香的煙團團圍繞，他們聚精會神地望著月老，嘴裡喃喃有詞，一說就是好幾分鐘以上，像是深怕沒與月老說清楚會牽錯線。

　　第一次拜月老的新手們尤其緊張，常常可見廟方服務處不時有人詢問著該如何正確拜月老求紅線，貼心的廟方人員總是不厭其煩地回答新手們，有些廟宇人員還會帶著整批單身男女一次一步驟地進行儀式，讓人感到安心。也正因如此，有些更緊張婚姻大事的信眾，會巴著廟方人員，詳細說明目前的感情狀態，請他們幫忙解惑，這時他們充當起情感顧問給點建議。在一旁聽得我有種窺探到別人隱私的歉意，卻又感受到廟方志工們的熱情，感到人間處處有溫暖，單身一個人也沒那麼孤單呀！我把這些小小的感動收集在本書當中。

　　至於靈驗的指數和成功案例，我的個人經驗不足以說明各地月老的成績，只能求助網友們的「月老文」，他們詳細地寫著參拜經過、靈驗與否以及成功實例。依循全台各地月老廟的網友分享，整理於各篇廟宇，希望藉由他人拜月老而成功進入婚姻的故事，鼓勵單身男女們，找到「對的人」不是難事。

「拜月老」雖然聽起來像是一種「宗教信仰」而顯得迷信，有怪力亂神之感或不科學了點，但就我個人的經驗而言，在拜月老的同時，除了加深自己要找到「真愛」的決心，更在與神明對話時，確立自己未來的方向為何，想找到什麼樣的對象，共同開創怎樣的生活。就像是自我對話、自我催眠般，心靈竟因這樣的過程感到踏實。

　　不知單身的你或妳在沒有對象，想進入婚姻之前，如何看待拜月老這件事，信與不信都是自己的選擇，重要的是，我們知道自己還有愛人的能力和被愛的權利，無論如何都不要放棄追愛，因為每個人都值得擁有另一半的愛，也有著滿滿的愛能付出給另一半。

目　錄

PART-1

求桃花正緣

月老的單身名冊從織女娘娘而來

走入婚姻與自己愛的、愛自己的那個人共度下半生，是成年男女共同的盼望，而在進到婚姻大門之前，找到那個對的人相當重要，因此祈求正緣桃花關係著愛情是否能修成正果，有不少月老廟強調祈求正緣桃花，如果對愛情有無比崇拜的話，可從這幾間月老廟參拜起。

在宜蘭的四結福德宮有座紅鸞星動鐘，敲響後就有桃花；萬里有座上達天聽的郵筒和人間郵筒，無論是求緣分或是自助告白都可在這邊完成。

還沒進到月老廟求桃花正緣之前，先了解一下月老公公手上的姻緣簿從何而來，沒想到那是從浪漫的愛情故事開始，即中國流傳幾千年、牛郎織女的動人愛情故事。

中國古代傳說天上有顆牽牛星和織女星，各司其職掌管人間事物，某日壓抑不了愛意的牽牛星和織女星最終跌入情網，豈料在天上的神明被明文規定不得相愛，被其他神明發現後，織女的奶奶──王母娘娘，將牽牛星貶入凡間，並懲罰織女用神奇絲線編織布匹，於是布匹化為雲彩，隨著季節氣候不同而有著千變萬幻的色彩和模樣，她認真工作期盼王母娘娘能讓牽牛星早日回到天界，但她克制不了對牽牛星的思念，終日坐在織布機前以淚洗面。

遭貶入凡間的牽牛星，出生在一個農家，被命名為「牛郎」，在父母去世後，哥嫂與牛郎分家，還刻薄地給他一頭老牛和一輛破車，其餘都由哥嫂獨占。牛郎認命地與老牛相依為命，在荒地努力整地、播種、耕作，幾年後也弄了個小小的家，勉強度日。一天，老牛開口向牛郎說：「今天你到碧蓮池一趟，把其中紅色的仙衣藏起來，那原本穿紅衣的仙女就會成為你的妻子。」這下讓幾年沒與人說話的牛郎嚇了一大跳，當然也是訝異牛竟會開口說話。

原來織女的姐妹看到她如此傷心，於是向王母娘娘提議帶織女到碧蓮池一遊，當天王母娘娘心情不錯也就答應了。到了碧蓮池，仙女們看到池水紛紛

脫下衣服跳進清流裡，全然沒注意到牛郎躲在蘆葦裡。就在此時，牛郎依老牛的話偷走了紅色仙衣，此舉動驚嚇到仙女們，趕緊穿回仙衣飛走，但織女在池邊看到一個小夥子搶走自己仙衣又氣又羞也束手無策，而小夥子走到織女面前，要求仙女做他的妻子，織女仔細一看，眼前的小夥子正是她朝思暮想的情人，於是開心且害羞地答應。

兩人不畏生活艱困仍過著幸福的生活，還生了一男一女，可天界神明容不下目無王法的兩人，硬生生將織女帶回大庭，然織女的一對兒女，聲聲叫喊著：「媽媽！」讓仙女、大神們為之不捨，連王母娘娘見狀也悄悄地為他們堅貞的愛情感動，同意牛郎和兒女留在天上，每年 7 月 7 日讓他們相會，其他日子則隔著天河彼此遙望。

7 月 7 日，在人間的男女們會仰望天空，親眼見證到牛郎與織女星緩緩靠近猶如相會般。在台灣民間信仰裡，七夕這天，織女會將足年可嫁娶的未婚男女列名成冊，再交給月老依據喜惡、個性、興趣與條件交叉比對分析後，配對抄寫進配偶名冊，即所謂的姻緣簿裡，並用紅線綁住男孩女孩的腳踝，讓他們能結為連理。

全台最具盛名且唯一一座供奉織女（俗稱七星娘、七星媽，因相傳織女是天界最高神祇玉皇大帝的第七個女兒）為主神的是台南開隆宮。

台南開隆宮不講究向七星娘求正緣桃花，倒是有個創舉儀式：「做十六歲」，因相傳在早期台南府城的碼頭，有不少未滿十六歲的童工會在碼頭幫忙卸貨，其工資為半份，但滿十六歲的孩子即為大人，所以孩子的家人便會請工頭和親友們慶祝，不僅宣告孩子長大成人，也能領取全份工資。「做十六歲」的成年禮習俗，據廟方所說，為台灣唯一特有的民俗。

在七夕這天到七星娘面前走動，向祂報備自己足年未婚的身分，請祂記得在名冊上記一筆，這才能送到月老公前，編進姻緣簿。

台南開隆宮

◆ 地　　　址：台南市中西區中山路 79
　　　　　　巷 56 號
◆ 電　　　話：06-2212137
◆ 交通方式：
　開車｜國道 1 號下台南交流道，直走
　　　　182 縣道，再到中山路 79 巷。
　火車｜台南火車站下，往南朝北門路
　　　　一段直行，於成功路左轉，中山路右
　　　　轉，再於中山路 79 巷左轉。

台中市樂成宮

『台中市區交通方便的廟宇，
　年輕男女、學子求桃花正緣的聚集處。』

| 藏身台中市區，超過 260 年的歷史古蹟 |

　　台中樂成宮又名「旱溪媽祖廟」，廟內供奉之媽祖為乾隆時代一名林大發渡台開墾，為求航行一帆風順和拓墾順利，於湄洲天后宮恭請「老二媽」金尊一道前來，到達此廟宇現址，媽祖有顯靈跡象，於是同行人們選擇將金尊暫奉此處。待拓荒民眾開墾有成，於清朝乾隆 55 年（西元 1790 年）創建「樂成宮」現址，供信眾參拜。

　　隨著墾荒有成、人口增加、聚落形成，旱溪庄的熱心人士想要重建廟宇的規模，經過數年後才將廟宇正殿建造完成。之後經過時間演變不停地修改，直到民國 80 年再擴建後殿，遂成至今的「樂成宮」。走一趟樂成宮內部，即可見證先民從唐山遠渡重洋至台灣打拚的地方開拓史。

| 拜樂成宮月老有年齡限制嗎？ |

　　拜訪台中樂成宮前，搜尋了一下網友對於此間廟宇的參拜感想，竟意外在 Yahoo 知識$^+$查到一位網友問著：「若要拜樂成宮月老，有年齡限制嗎？」回覆的網友很認真地解答關於拜月老的相關知識，只是令人好奇的是，這個題目的提問者究竟是幾歲呢？不滿 16 歲的網友嗎？不可考。但位於台中這個活力十足的城市，不禁讓人猜測起這位十幾歲的網友，是否正進入情竇初開的年紀，覺得求姻緣太早，想先求求愛情，藉由月老的力量增加戀愛運氣。

　　樂成宮的月老，據廟方工作人員表示，已超過十幾年的歷史，因台中市沒有供奉月老的正廟，多半是私人神壇或有商業行為的休閒去處附設，於是尊請月老公進駐這座三級古蹟內的月老殿。殿內供奉三尊月老，從高至低，皆持拐杖，是人眾對於月老的固有印象，其中兩尊月老的另一隻手持著姻緣簿，特別的是，離信眾最近的月老公反而沒拿姻緣簿，另一隻手則是摸著鬍鬚，氣定神閒地微笑，像是耐心地聽著信眾心願。

在我參拜的過程中，見到一大群一大群的年輕男女絡繹不絕前來，絕無冷場的月老殿，讓空間布滿吵雜的熱鬧。平均20出頭，有些是男女孩一大堆，有些是女孩跟女孩兩個人，有些是男孩跟男孩三四個人，進到月老面前，收起年輕朋友愛胡鬧的天性，靜靜上香，怯怯地拿起一旁的筊放於半空，對著月老神像嘴裡唸唸有詞，再小心翼翼地靠近地面擲起手上的筊，求得聖杯的年輕信眾揚起嘴角默默向前取得紅線，讓朋友幫忙打個活結在手腕上。但沒求到聖杯的人，有的無助地用眼神向友人詢問：「該怎樣才能求得紅線呢？」有的則一笑置之將筊還回去，有的迅速撿起地上的筊再擲一次，直到有聖杯為止。

| 點亮姻緣燈，供不應求 |

樂成宮不僅能求得紅線拿回一些月老的庇護回家，還有各式求桃花正緣的法寶。

#姻緣瓶　　　　　　　　　　　#姻緣燈

法寶 1　月老加持愛情加分，戀愛御守防滑貼片。可惜太熱門，我在現場只看到空盒而已。

法寶 2　千萬幸福，牽線作堆，成雙成對，姻緣桃花繩。不少參拜信眾不僅求紅線回家，也投下香油錢取一條編織美麗的姻緣桃花繩，祈求愛情早日到來。

法寶 3　姻緣瓶，「瓶」與「平」同音，代表兩人感情順利，具有穩定感情的功效，也可增加異性緣、愛情運氣，促進婚姻美滿，廣結人緣。幾乎參拜信眾都有取下姻緣瓶，打開瓶裡的字條填寫完畢，在依照男女生，分別掛在「乾」（男生）或「坤」（女生）的姻緣樹上，盼望月老慢慢細讀自己的資料並牽成各類人緣。

法寶 4　姻緣燈，原設有 300 座，但供不應求，依《蘋果日報》2011 年 7 月的報導，已有 4,000 座之多。實際走訪此處，發現月老殿兩旁的姻緣燈牆全亮燈，可說是「座無虛席」，一人一盞一年 500 元台幣，可加速姻緣到來。

| 每月都有吃不完的還願喜餅 |

樂成宮的月老殿廣受網友喜愛，不少部落客狂推這尊月老，強烈建議單身男女親自參拜後感受月老公的靈性。

#姻緣桃花繩

還有個女孩帶著男友到樂成宮想安姻緣燈，並問著今年是否能結婚，可惜連擲三杯都沒得到聖杯，只好與男友離去。一日廟方人員見到一名面熟的女孩，想起是之前與男友一起要點姻緣燈的那女孩，熱心詢問後才知，那女孩當時的男友劈腿，現在已經分手，讓廟方工作人員不禁讚嘆起月老公的英明，沒給聖杯，讓女孩執著於男友。

廟方工作人員也有遇到一名40歲的銀行女行員，先前有人介紹對象給她，多半都沒下文，但到了樂成宮拜過月老，竟順利找到人生伴侶，使工作人員感到與有榮焉向媒體宣傳。

對於樂成宮月老成就了多少對姻緣，廟方沒有加以統計，皆是開放信眾自行張貼喜帖和謝卡在公布欄上。不過他們每月坐在辦公室都有吃不完的喜餅，而喜糖則是放在月老殿裡與來此求姻緣的信眾分享。

見廟方人員倒著一大盒一大盒的喜糖在供桌上，讓我也忍不住想沾沾喜氣，拿了兩三顆塞進嘴裡。

求姻緣流程：

❶ 向廟方買一份姻緣金，費用 100 元，加上媽祖金，費用 50 元，照姻緣金上頭疏文填寫資料，可自行準備貢品，以糖果或甜食為主，放於月老殿的供桌上。

❷ 取清香九柱，先從廟宇前方的廣場香爐拜起，再依指示向各神殿參香（每個香爐各插一柱香）。

❸ 進入月老殿向月老星君稟告自己的姓名、年齡、居住地，並祈求月老公尋找良緣，將手持清香插向殿外香爐，再合掌祈禱賜予紅線，並告知日後答謝事項（一般為喜餅、喜糖、喜帖），擲筊請月老賜予紅線。

❹ 若得到聖杯，可抽取一條紅線，依男左女右在手腕上綁一活結，回家後即可取下放置隨身皮包或是枕頭下。

◆ 建廟時間：西元 1753 年
◆ 開放時間：07：00 ～ 21：00
◆ 地　　址：台中市東區旱溪街 48 號
◆ 電　　話：04-22111928
◆ 交通方式：

開車｜從國道 1 號下大雅交流道出口，沿中清路／台 1 乙線進入化北路，再接旱溪街即到。

火車｜於台中火車站下車，步行 1.8 公里，約 23 分即到。

詢問度
★★★☆

訪問度
★★★☆

宜蘭四結福德廟

『求良緣，敲響紅鸞星動鐘，喜氣月老公，
　笑臉迎人賜愛情，摸虎爺、摸春牛、
　摸金雞、摸金豬，摸到心想事成。』

| 含基座 126 台尺，全國最高金身土地公 |

　　聲名遠播、全國最高金身的福德正神，位於好山好水的宜蘭地區，以銅雕塑而成，高達 196 公分，所見金身由百年來信徒所捐贈的金牌熔解再加黃金批飾上色，金光生輝的土地公號稱世界之最。每遇假日吸引各地進香團到此參拜，高聳神像儼然成為觀光新地標。

　　宜蘭的務農生活令四結福德廟崇拜耕作牛隻的文化更加被注重。　年二十四節氣的第一個節氣「立春」，即為務農人相當重視的節日，在立春當天，需要「鞭春牛」以祈求穀物豐收，因牛隻休息一個冬天再來工作會有倦怠感，所以鞭打春牛才可督促牛隻認真工作。演變至今，已從「鞭春牛」變「摸春牛」，期許一年有個好的開始，至於摸牛隻何處，端看祈求的願望為何：

#金豬

摸牛卵，傢伙剩億萬

摸牛腳，也緊做阿爸

摸牛尾，得傢伙

摸牛腱，老人也康健，做的好頭路

摸牛肚，尋的好頭路，老人吃百二

摸牛耳，囝仔好搖飼，兒孫也出頭

摸牛頭，起大樓

摸牛嘴，大富貴。

　　此間廟宇不僅供信眾摸春牛，還有摸金豬、摸金雞、摸虎爺和摸文昌筆，幾乎網羅各種願望和吉祥話，摸過這些雕像也順手把福氣帶回家。

#虎爺

#春牛

| 敲響紅鸞星動鐘祈求良緣 |

　　一手持姻緣簿一手杵拐杖，雙頰圓潤，眉開眼笑地傾聽著世間單身男女的心聲。廟方曾為服務廣大信眾，設計了三種儀式為參拜人們加持：

　　一、敲紅鸞星動鐘，在單身男女向月下老人擲筊得到聖筊後，可拉動紅鸞星動鐘的銅線敲鐘，以求得紅鸞星動，得到真命天子、天女。紅鸞星動是人們傳聞中，進入婚姻前的跡象，如能提早將紅鸞星敲動，應是渴望結束單身男女的心願，不過這只鐘可不是隨便敲，需要向月老請示，給予聖杯才可敲響。允不允杯可能在於該名信眾的姻緣未到或已到，不能心急。

　　廟方為服務信眾，特地貼了一張告示，可依照上面的指引，誠心向月老祈求，也許祂老人家會允許敲鐘。

　　「敲一響鐘／有請月下老人／四結月老名氣響／千里姻緣一線牽／祈求月老有祕招／清香三柱稟月老／訴說一生愛情史／擲筊請示月老緣／有緣有分月老圓／無緣月老來補緣，遠請月老賜好桃花，事成談論『嫁娶』時，屆時拿『餅』來答謝，請月老允筊來指示。」

　　如擲出聖杯可敲響紅鸞星動鐘，如無則可請示是否需點姻緣燈。

#喜餅謝禮　　　　　　　　#好姻緣袋　　　　　　　　#祈福卡

二、求好姻緣袋，適婚男女一同向月老許願、擲筊，允許取得「好姻緣袋」以示永結同心。

三、祈求好御緣的祈福卡，可謂有掛有保庇，向服務台購買祈福卡，在香爐上方繞三圈，自行掛上即可。

| 廟方與月老攜手為地方男女搭起幸福的橋樑 |

一進到供奉月老的樓層，兩個大看板貼有廟方與月老一起舉辦未婚聯誼活動的剪報，還有宜蘭縣政府在七夕情人節召集單身男女到宜蘭護城河畔，走向鵲橋，找到人生的另一半，不遺餘力地舉辦大大小小的活動，增加單身男女結識新朋友的機會。

不知是不是獨有的「月老姻緣金紙」奏效，如同廟方所說，他們設計這份可蓋上個人手印的月老姻緣金紙，可以直達天聽，使信眾求得好姻緣，以至於《自由時報》2009 年 2 月的報導寫著：「最高每月有 5、6 對新人到廟答謝。」

我在參拜此間廟宇時並未遇到專門到此地求姻緣、敲紅鸞星動鐘的人，僅能從看板資訊了解這尊笑咪咪月老的神蹟。

好玩的是此間廟宇布滿動手祈福的方法，讓人對於莊嚴的參拜有著不同的感受，不用怕動手動腳會對神明不敬，還可以將福氣帶走。另外，將神明做成可愛公仔放在展示櫥窗裡，令人愛不釋手，想要一併帶回家。

｜笑臉迎人月老，外銷日本｜

四結福德廟月老還有一件驕傲事蹟，有位日本池高原觀光遊樂區的主委，經由朋友介紹，加上受到日本未婚男女增加趨勢較台灣明顯的影響，於 96 年 11 月 14 日遠從長野縣來到四結福德廟的月老殿，分靈一尊「月下老人」供奉於遊樂園中，給當地未婚男女得以求姻緣。

該日本遊樂園的代表人表示，日本男人不僅晚婚，許多人甚至不婚，該遊樂園所屬的株式會社希望，台灣月下老人能到日本幫忙牽紅線，盼望祂能成為戀愛中青年男女的「婚姻幸福之神」。

求姻緣流程：

❶ 一份發財金費用 50 元，將費用投入功德箱，自行拿取即可，發財金共有五種稟文，分別為月老姻緣金、招財土地公金、五路招財金、文昌功名金、觀音菩薩金。

❷ 填寫稟文資料，寫上祈求願望（可 5 種稟文都寫）。

❸ 蓋上手指印，與供品放在供桌上。

❹ 依序拜完一樓至三樓。

❺ 可向服務台購買祈求卡 100 元，掛於月老面前。

❻ 另可加點姻緣燈照亮姻緣路，費用一年 300 元，加贈姻緣袋。（初一、十五皆有誦經加持）

◆ 建廟時間：西元 1875 年
◆ 開放時間：05：00 ～ 21：30
◆ 地　　址：宜蘭縣五結鄉上四村福德路 68 號
◆ 電　　話：03-9650428、03-9653344
◆ 交通方式：
開車｜由宜蘭往羅東（經大二結、五結）蘭陽大橋，走中正路三段經中正路二段，看到左邊的中油羅東加油站，往加油對面 7-11 旁的路轉向上路，看到四結福德廟的牌樓後直走即可到達。
火車｜於中里火車站下車，步行 1.5 公里，即達。

詢問度　　　　　　訪問度
★★☆　　　　　　★☆

萬里情月老廟

『彷彿求愛天堂，身處高山近於天聽，
　置身滿滿愛心形狀的環境，讓人心情愉悅。
　更可寫安靜地寫封信給暗戀對象。』

| 十年前創舉的「財神銀行」給信眾借發財金 |

　　某企業於 1999 年發願立廟，選中金山、萬里交界處，有稱為「萬金之穴」的「虎耳穴」風水優勢之處，建造金山財神廟，主奉五路財神，由中路玄壇元帥趙公明領軍五路財神外，還有文財神比干和武財神趙玄壇，可謂集各路財神於此。不僅如此，廟方有心為信眾祈福，在一樓左側祀奉濟公，讓信眾接進財神威力前，利用濟公活佛的法扇將身上的窮氣送走。

　　十年多前由金山財神廟首創擲筊求發財金當錢母，為信眾帶來更多的財運，於是近年來各地財神廟紛紛提供發財金給信徒借貸使用，這也成為每年新春不少人的必訪行程，到財神廟擲筊借發財金。

然而想求得金山財神廟發財金並不簡單，需擲出 3 對聖杯才可向五路財神稟報姓名、出生年月日、住址及職業，接下來如果沒有擲出聖杯就無法借發財金，擲出 1 杯可借 100 元，擲出 2 杯可借 200 元，擲出 3 杯可借 300 元，儘管不容易，卻阻止不了信眾們不遠前來。

| 月老金身薰得財神靈氣香火 3 年 |

作為名氣響亮之金山財神廟的鄰居，萬里情月老廟裡所供奉的月老金身，早在 2014 年 12 月 20 日進駐新居前三年，就借住於財神廟裡接受各地信眾的香火薰陶。

還未進到正殿參拜月老公，月老廟附近喜氣洋洋的景色已看得我心花怒放起來，先是白牆紅屋頂的簡潔屋身，再來是沿山而建的

階梯前，有一對邱比特高舉愛的神箭和「情比石堅」大石頭。慢慢走近廟宇附近，兩顆心型的許願池、郵筒造型的金紙爐，全是紅白的單純配色，與山間綠意盎然搭配自然。往廟宇內部方向進入，會先經過一道拱橋，橋的兩旁有喜鵲迎賓，橋的下方有一個心型水池聚福。

要說這是間廟宇實在不像，有點像是郵局，難怪廟方將自己取名為「愛神快遞」，的確有打中單身男女的需求，盼望有快遞能將自己想愛的心情傳遞給神明，請祂幫忙找到另一半，告訴對方我在哪裡等著。

殿內眼睛所及之處皆用心型點綴，天花板上的燈飾、月老公身後的造景，就連請示月老的筊和插香的爐子也都是心型的，讓人不由自主地感受到內心所在，據說這是奉神明諭旨所做。

身旁有金山財神廟信眾香火的萬里情月老，是一尊站立神像，有趣的是，這尊月老左腳往前跨一大步，像是隨時要出門辦事之姿，欲幫祈願信眾們解決各式愛戀問題，手持紅線任求得聖杯的男女取得，給信眾藉口可親近祂老人家一番。

| 台灣唯一愛神快遞 |

　　廟方的愛神快遞郵局結合文創概念，設
計有「愛情限時批」，讓信眾們可於參拜完
畢，持心型杯筊，向月下老人、和合二仙報
上姓名、住址及生辰八字，再說自己的願望，

擲筊 3 次得到 1 次聖杯，可索取一份《愛情限時批》，然後記得在功德箱隨喜香油錢，拿到《愛情限時批》後到心型主爐順時鐘轉三圈，即可寫上傳達心意的書信。不限於寫給暗戀的人、熱戀的人，也可以寫給家人、朋友，寄出心裡最想跟他們說的話。

寄送方式有兩種，一種是將信置於愛神郵局（金爐）焚燒直達天廳；另一種是向廟方購得《十全十美》郵票（此廟與中華郵政合作，獨家販售），寫上地址、貼上郵票，可請廟方代為投郵筒或自行下山投遞。

與我同時在裡頭參拜的人不多，只見一對年紀約 20 出頭的時髦年輕小伙子，頭髮用髮膠弄得直直的，服裝是亮色系，掏了 500 元投入香油筒，拿了兩份金紙和各 3 柱香，並照桌上的指示在《月老和合植緣祈圓祿文》填上資料，之後就到外面開始拜起。令我印象深刻是那張當香油錢的 500 元大鈔，相形之下，投銅板的我顯得吝嗇太多，但願月老公能收到他們的心意，早日實現他們的願望。

| 建於風景優美處，樂當現代月老 |

廟宇腹地之上，仍興建起涼庭供民眾休憩，還可遠眺金山萬里間的山色，令人心曠神怡，廟方工作人員表示，之後將與新北市政

府合作，為單身男女辦起未婚聯誼。相信在這麼風光明媚的風景下，會造就不少美好姻緣。

在離開萬里情月老廟之前，看到廟宇對方有個月老廟販賣部，一進門又是布滿心型的裝飾物，裡面賣的東西包羅萬象，有情侶穿的衣服、有糖果餅乾、求人緣的水晶等，特別的是有一套月老餅禮盒，價錢為 147 元，代表著一世情，買來當供品是個討喜氣的開始。

求姻緣流程：

❶ 隨喜香油錢，拿一份金紙填寫月老和合植緣祈圓祿文，連同供品放於供桌上。

❷ 點燃 3 柱香，向天公、月下老人及二樓的送子觀音上香，並說明想祈求事項。

❸ 上香完畢，取心型筊，向月下老人和和合二仙告知自己的姓名、住址及生辰八字，請示月老是否可以拿紅線，擲三次得一聖杯可自月老公神像手上取一條紅線放在皮包裡。

◆ 建廟時間：西元 2014 年
◆ 開放時間：08：00～20：00
◆ 地　　址：新北市萬里區礦潭里公館崙 55 之 2 號
◆ 電　　話：02-24983030
◆ 交通方式：

開車｜國道 3 號下基金交流道，走台 2 線，行駛萬里區的龜子山路，即到萬里情月老廟。

公車｜於台北車站轉乘捷運至忠孝新生站，步行至台北科技大學，乘坐 1815 開往金青中心公車，於金山郵局（金山）下車，步行約 40 分鐘，2.5 公里，即到萬里情月老廟。

詢問度　　　　訪問度
★☆　　　　　★★

27

PART-2

求經濟實惠

月下老人來自何處

在媒體的報導下，台灣的不婚時代已長達十年，單身男女人口越來越高，於是月老公的業務更是加重，然而列冊為正神的月老公並不以為意，反而各地供奉的廟宇負責人，為了彰顯月老公的神威並鼓勵未婚人們到廟裡祈福，推出了不少免費飾品與信眾們結緣。

新北市蘆洲有座古蹟老廟，準備精緻姻緣袋，免費送給單身男女結緣；而在台北市芝山岩的觀光路線上，有一座供奉月老的惠濟宮則將完整的求姻緣疏文、鉛線、紅線等，一整套贈送給前來求姻緣的單身男女。

在向月老公求姻緣前，先來認識一下月老出自於何處。中國唐代在《續幽怪錄・定婚店》有記載，有個住在杜陵地區的士大夫家韋固，在年少時變成孤兒，令他對於成家很嚮往，在他成年後到處請人幫他說親、求婚，卻都沒有好消息，

直到他四處遊歷，來到宋城清河這個地方，投宿旅店時也不忘請人幫他作媒，旅店的客人中有人提議讓他向宋城司馬潘昉的女兒求婚，還約好隔天在旅店西邊的龍興寺相見。

韋固為了展現求婚誠意，第二天天還沒亮，在月亮仍高掛天上時就到了寺門外，意外見到一名老人跟他一樣早起，坐在寺院階梯倚著一個背包，利用月光在看書，但韋固瞄了一眼書上的文字，他一個字都認不得，這讓從小刻苦學習，連西方梵文都看得懂的他很納悶，詢問起老人：「您在看什麼書呢？怎麼我從來沒看過呢？」老人笑著回答：「這不是人世間的書，您當然沒有看過，我是在天上辦理人間事的，本來不會與你相遇，是你來得太早。」韋固再問：「請問您是辦理哪方面的業務？」老人回答：「天下婚嫁之事。」韋固一聽大喜，劈哩叭啦地說起他的身世、想成家的欲望，還詢問起要娶宋城司馬潘昉的女兒是否能成功？

老人告訴他，那人女兒不是他的妻子，韋固急著問著他的妻子在哪？身世如何？老人說：「你的妻子才過3歲，17歲才會嫁到你家。」韋固又問道老人背上包包裝著什麼？老人回答：「這是用來綁定人間夫妻的腳踝，以讓命定姻緣不論貧富貴賤仇敵都會與該人結成連理，而你的腳踝已經繫上紅線，四處求姻緣也徒勞無功。」

兩人東扯西說一直到天亮，韋固約的人也沒到，他提議要去看看他的妻子，老人帶他到　間市場，指了指一名瞎眼老婦懷中穿著破爛面容醜陋女孩，說那是他的妻子。韋固很嫌惡並問老人能不能殺掉她，老人回答：「這女孩的命很好，生的兒子命更好，殺不得呀！」

韋固生氣不甘心，他堂堂個士大夫怎麼要娶個外表醜陋身世不堪的妻子呢？於是他回到旅店向僕人要求去殺掉那名女孩。

事與願違，僕人沒在市場裡刺中心臟，只刺到眉間。

14年後，韋固在相州軍任職，相州刺史王泰很欣賞韋固，把自己女兒許配給他，刺史女兒長得很漂亮，就是在眉間都會黏一朵花，過了一年後，韋固想起14年前老人和行刺女孩的事情，這才證實兩人是同一人。因為女孩是刺史養女，她父親是宋城縣令，在她還是嬰兒時就去世，接著母親和哥哥相繼去世，留下瞎眼保姆賣菜維生照顧她。

韋固聽完這故事也坦誠刺害她的人是他，自此，夫妻兩人彼此尊重，生下一子官階做到雁門太守，韋固妻子也被封為太原郡夫人。當時宋城令聽聞此故事便把那間旅店命為「訂婚店」。

縱使我們肉眼看不到綁在腳上的紅線會與誰人繫在一起，但多多跑到月老公面前，燃上一柱清香，向祂老人家和藹可親的面容說說自己的徵友條件，肯定會盼到姻緣到來的那一天。

蘆洲湧蓮寺

『隱身於鬧區之中,當地的信仰中心,
　被眾多美食包圍,有精緻姻緣香包免費贈送。』

｜新北市蘆洲地區的信仰中心｜

　　廟口向來是聚集最經典美食所在,蘆洲區形象夜市內就是以湧蓮寺為中心而蓬勃發展,湧蓮寺原名為「佛祖宮」,起源於清朝同治年間,鎮殿的觀音佛祖和善才、龍女三尊神像,是二位浙江舟山列島之南海普陀山隱秀庵比丘攜帶搭船到外地化緣時,遇到颱風,船隻隨風漂流到達台北渡船頭(淡水),清晨時,兩位僧人帶著三尊神像,巧遇蘆洲地區頂竹圍人李佑,正要搭船到大稻埕做生意,見到神尊立即敬拜便祈求著:「如果當天生意順利,回程一定前來參香。」果然當天的生意很好,還提前收擔,他依約返回船上參拜,

竟發生香爐發爐，於是他請示觀音佛祖指點，是否有什麼話要向他說，得到佛祖回覆要進駐蘆洲現址。

蘆洲人李佑回到鄉裡通報總理及鄉民，佛祖想到此地安居，全鄉熱烈歡迎，信眾們在湧蓮寺的現址蓋起茅舍立廟。11 年後，佛祖神威大顯，信眾與日俱增，原本的茅舍已不敷使用，於是總理與總董號召新建廟宇，隔年完成。

當年興工掘池時，由池底湧現五朵蓮花，漂浮於水面之上，向佛祖請示後，遂將本廟命名為「湧蓮寺」。

│ 在地文化的庇佑之所 │

台灣有許多類似湧蓮寺這樣的廟宇，他們沒有特別令人想拜訪之處，沒有吸引觀光客非參觀不可之處，卻是在地信眾很重要的心靈依歸之所。會知道這裡有免費姻緣袋與信眾結緣，正因為我自己是湧蓮寺的信眾。剛開始經由朋友介紹到此點光明燈，之後有困惑時就會向主神觀士音菩薩拜拜和求籤，得了幾張上上籤，心理獲得力量就去做了原本舉棋不定的決定，之後也得到不錯的結果，令我對湧蓮寺的觀士音菩薩很依賴。

月老殿在廟宇四樓，初次參拜時覺得很奇怪，我才爬三層樓就到月老星君殿，怎麼標示會寫四樓呢？還為此特別詢問過服務人員，她表示，我從廟埕爬了一層樓梯到大殿，再往上去當然是四樓呀！恍然大悟的我，每每到達四樓總覺得風景格外漂亮，環境清靜，見不少信眾在佛祖殿打坐，看似修行，偶爾會見到起乩現象，外行的

我看得一頭霧水。

來到月老星君殿，有三尊笑吟吟的大小小月老，兩側的小尊月老簡直是大尊月老的縮小版，十分可愛。有信眾一進到月老殿，看到月老笑臉迎人，還與同行的友人說著，光看月老的笑容就開心了呢，不愧是要給人們幸福姻緣的神明。

只是我總有錯覺，覺得湧蓮寺月老手上拿的不是姻緣簿，而是家裡的遙控器，因為祂拿的角度正對前方，加上是一塊長方型的石塊，真的很像遙控器。不過這透露出，我個人對遙控器很熟悉，對姻緣簿沒興趣，名副其實的宅女一個，難怪要常跑月老跟前要姻緣。有了這層體悟，宅女該好好走出去多認識新朋友，慢慢遠離遙控器。

│月老跟前擲筊，心臟不強不要亂擲│

常參拜湧蓮寺的月老，會有不錯的對象，另外

還可以用擲筊的方式，請月老給意見。不少網友們分享他們向各地月老詢問感情的情況，過程都可以寫成一篇篇小故事。先說我自己的經驗，因為是個無言的結局。那天到湧蓮寺與菩薩說說話後，依例到月老面前聊聊，我想了想要不要問問最近有個男生約我出去，我們交往的機會大嗎？其實我這麼問，代表我也沒那麼喜歡那個男生，對吧！果真，月老給我一個笑筊，感覺是一種不予置評。

有位網友說她「被月老爺爺完全打槍的故事」，事情是這樣，她問著月老爺爺，她的前男友是不是還愛著他的前女友。

聖杯。
「前男友還喜歡自己嗎？」（有一點點也要給我聖筊。）
笑杯。
「自己這樣等他是不是很白痴很癡情？」
聖杯。
「自己跟前男友完全沒機會？」
聖杯。

該名網友的結論很值得參考：心臟不強不要亂擲筊，問得太清楚，受傷的只會是自己。

中肯的建議可供有感情困惑的曠男怨女們做參考，包括我自己。擲筊問事還真需要技巧，問題必須為是非題，問題本身必須具體明白，不然問到最後都搞不清楚月老給的指示為何。如是問：「我嫁得出去嗎？娶得到老婆嗎？」這叫月老如何回答，除非自己不要嫁娶，誰又能阻擋呢？又是問：「我覺得我同事是喜歡我的，可是對方遲遲沒有動作，那是真的喜歡我嗎？」這裡面包含兩個問題以上，

月老又該給哪個問題答案？

在參照各種說法後，我個人問事的方式如下：

• 參拜完所有神明後，再到要問事的神明面前擲筊。

• 向月老公再次稟明我的姓名、住在哪、我所要問的問題大綱，如：我要問 與某人的感情問題，如願意請賜一個聖杯。

• 問題：「某人對於我的感情是認真的嗎？如果是，請給我個聖杯。」

• 問題：「某人與我，經營這份感情，會有結果嗎？如果是，請給我個聖杯。」

擲筊問事的分享大致如此，解惑方式之一，切勿沉迷。直接面對問題本身，找到問題的關鍵人詢問，永遠是最正確和快速的方式。

最後必推薦：索取姻緣袋因多年前已經拿了姻緣袋，沒再索取了！他們的姻緣袋是個設計精緻的香包樣。直接到服務處索取即可，至於費用，到月老殿去隨喜功德。

求姻緣流程：

❶ 自行準備糖果、素果放在四樓的月老殿。

❷ 點三柱香，從二樓觀音菩薩殿（一柱）開始，到四樓佛祖殿（一柱）、文武財神、玉皇大帝、月老殿，回到二樓後殿（一柱）。

❸ 於月老殿時可向月老說明自己想要找的對象條件。

❹ 向辦公室索取姻緣袋，在觀音菩薩爐上順時針繞三圈。

❺ 待良緣締成後，以喜餅還願。

◆ 建廟時間：西元 1861 年
◆ 開放時間：04：00 ～ 23：00
◆ 地　　址：新北市蘆洲區得勝街 96 號
◆ 電　　話：02-22818641
◆ 交通方式：

開車｜國道 1 號，於三重交流道下，由三和路往蘆洲方向，於三民路口右轉，沿三民路直走到長榮路口迴轉至長榮路右轉蘆洲湧蓮寺。

公車｜於台北車站搭 306、225、232、221、508、634、704 公車，在蘆洲派出所下車。

詢問度　　　　訪問度
★　　　　　　★

士林芝山岩惠濟宮

『整套求姻緣法寶免費贈送，只需準備三樣水果供奉月老。
依山而建的廟宇，是可以爬山健身的市區森林園區。』

| 佛道儒三廟合一 |

　　芝山岩惠濟宮目前已被核定為國家三級古蹟，建立於乾隆 16 年
（西元 1751 年），祀奉的三尊主神分別為開漳聖王、觀世音菩薩及
文昌帝君。惠濟宮歷經清朝、日治到現在的不斷修建，因此擁有不
同時間的遺跡，是台北市內著名的古蹟之一。依山而建的惠濟宮，
腹地之廣讓人覺得不只是到了座廟宇參拜，更像是進入森林園區。

　　從入山處假的小白山羊，到沿著山路精心布置的十八羅漢雕像，
以及廟方準備的紀念章戳印處，一應俱全。在抵達惠濟宮前，必須
登上長長的石階小路，但可別被眼前的石階給嚇壞了，人約數百多
階的樓梯，其實並不如想像中長。沿途還有蛇蛙石、古城門等遺跡，
可供拍照留念。

| 高知名度觀光地，低知名度月老公 |

　　惠濟宮，在全台月老廟中，算是零知名度的一座。老實說，發現這間月老廟純屬巧合，全因家人前往芝山岩踏青時，發現這間月老廟後，興奮地向我回報。在我參拜後發現，廟方貼心準備祭拜月老所需的儀式寶物，還是隨喜功德，真應記上一筆，給單身男女求姻緣有個好去處，只是參拜當天，並沒有遇見任何一位香客是為參

拜月老而來，放眼望去大多是為了祈求平安以及考試順利而來的。

　　進入主殿後，左側便是月下仙翁的神殿，桌上擺放著蘋果、木瓜、柳橙、橘子等廟方供奉的祭品，卻未看到熱烈祭拜的信眾，或是還願的喜餅喜糖。雖然向神明祈願是否靈驗，端看個人自由心證，不過我想現場如此冷清的畫面，大概會讓許多期待姻緣早日來臨的求姻緣者，對惠濟宮月下仙翁的法力產生懷疑。

| 規劃良善的人氣旅遊景點 |

因為體貼的廟方提供算是免費的「賜婚吉祥文疏」、紅絲線、緣（鉛）錢、符令等供求姻緣者索取，所謂「隨喜功德」是依自己的心意捐香油錢，一元不嫌少，百元不嫌多，再搭配自行準備的各式「圓形」水果，代表圓圓滿滿的意思，就可以焚香向月老祈願，賜與一段良好的姻緣。

供奉月老的一邊牆上有塊說明的板子，上面寫了月老公的由來，附帶提到「氤氳使者」，在「台中慈德慈惠堂」有供奉此尊神明，有報導懷疑「氤氳使者」的存在，但惠濟宮說明祂的職責是：

處理人間男女的戀愛，凡世間的才子佳人、痴女怨男都歸它管轄，如果有兩情相悅而迫於情勢不能結婚，這位使者就會盡量撮合他們，然婚姻大事全由月老作主，是不能改變的定數，縱使「氤氳使者」也不能過問，也許就因為如此，人間才有悲歡離合，男女之間才會有糾纏不清的愛恨情愁吧！

位屬台北市內，交通方便的惠濟宮，雖在月老靈廟界頗被冷落，不過它周邊的旅遊資訊與導覽解說服務相當完善，規劃和緩的森林步道，對終日生活在都市叢林的上班族，可以當做一日遊放鬆身心、踏青遊玩的景點，再爬上最高處祈求理想的姻緣對象。

求姻緣流程：

❶ 準備圓形的水果三種，洗淨後放在月下仙翁殿的供桌上。

❷ 向廟方辦公室取得「賜婚吉祥文疏」、紅絲線、緣（鉛）錢、符令等，與金紙一同在月老殿祈求參拜。

❸ 點十柱香，依其順序參拜。

❹ 參拜至月老公時，須朗讀「賜婚吉祥文疏」。

❺ 參拜完畢，將「賜婚吉祥文疏」與金紙一齊焚化。紅絲線、緣（鉛）錢、符令等在香爐上方順時針繞 3 圈後，隨身攜帶。

❻ 祭拜月老後，若順利訂婚，可攜帶訂婚喜餅前往還願。

◆ 建廟時間：西元 1752 年
◆ 開放時間：05：00 ～ 17：00
◆ 地　　　址：台北市士林區至誠路一段 326 巷 26 號
◆ 電　　話：02-28316178
◆ 交通方式：
開車｜國道 1 號下重慶交流道，往士林方向行駛，直走中正路，轉進雨農路，下雨農橋左轉，即在右手邊。
公車｜於台北車站搭 306、225、232、221、508、634、704 公車，在蘆洲派出所下車。

詢問度　　　　訪問度
☆　　　　　　☆

PART-3

求快速成效

為何有媒人的存在？

許多單身男女渴求愛情早日降臨，這心聲全台灣的月老公幾乎都知道，所以祂們都以立姿表示隨時上工，也有一說是：「站立神像的神明較勤勞。」不過，全台仍有幾座月老廟較其他廟宇更顯快速成效，還有實際見證例子。

如同日月潭龍鳳宮的月老，被當地居民流傳一句話：「快則一個月，慢則半年。」意思就是拜過此尊月老後，一個月沒被訂走也不用等到半年；嘉義城隍廟的月老則由廟方請出「大婚公」，專門幫忙月老加速婚配事宜；更有在台南大觀音寺的「說媒月老」，因人說「嘴大說四方」，此尊月老以嘴大號稱，將表面看不出的姻緣給「談」出來。

在得到快速成效的神力前，我們先來了解一下為何幫人牽線姻緣的人有「媒人」之稱呢？

最早的文獻記載出現於《詩經·國風·齊風·南山》：「……取妻如之何？匪媒不得……。」譯文為：「想要娶妻怎麼辦？沒有媒人娶不到。」原先是西周春秋時，婚姻禮儀的其中一道程序，一直延伸至東亞地帶，甚至傳了上千年。

《孟子·滕文公》說：「不待父母之命，媒妁之言，鑽穴隙相窺，逾牆相從，則父母、國人階賤之。」可見不照父母之命媒妁之言是件很不恥的事，而「媒妁」兩字有兩種說法，一種是說媒為媒合二姓，妁為斟酌二姓；另一種是說，媒婆是向男方接洽而妁婆是與女方接洽，兩人再一起去談一件婚事，後來慢慢沒有區分，兩個職位合而為一。

「媒人」出處還有一種民間說法，有對年輕男女經由一位老伯撮合結婚，女方為了答謝老伯，將他的五官印在餅上送給他，卻因餅不能久放，送給老伯時餅已經發霉了，那老伯便被稱為「霉人」，不過感覺不吉利，就改為「媒人」。

媒人在古時的功用是，為無法隨意自行認識見面的單身男女，透過媒人與各個家人見面，得知基本資料和擇偶條件，便開始媒合並向男女雙方介紹，進而談婚事、提親等結婚事宜。在資訊不發達的狀況下，媒人說親通常是隱惡揚善，有憾事也有美事，台灣民間流傳這樣一個故事：有個漂亮的獨眼姑娘想嫁出去，另有個長短腳的青年想娶妻子，剛好都找到同一位媒人，這名媒人知道兩人的優缺點和條件，覺得可以把兩人撮合成一塊，可是媒人也知道如果兩人把缺點曝光，肯定會被彼此嫌棄，於是媒人告訴跛腳青年，進到女方家立即坐下，萬一真的需要站起來或走路，就把長腳踏在門坎上，短腳踏在地上。另外吩咐女生，男生來的時候要躲在小房間，拿支扇子遮住有缺陷的眼睛，假裝害羞的模樣，只用正常的眼睛看人。

兩人見面後都很滿意對方，便請媒人處理後續婚事，可是媒人為了防止雙方知道真相後反悔，再三與雙方說：「男女雙方三人五目，日後無長短話。」但當時沒人聽出這句話的含意，也許是太滿意對方了吧。

之後結婚，男女雙方紛紛向媒人提出抗議，怎麼沒跟他們說獨眼和長短腳的問題呢？可是媒人理直氣壯地跟他們說：「已經跟你們說三個人有五隻眼睛，代表有個人是獨眼，又跟你們說日後無長短話，就是之後不要再提長短腳的事情，你們還是要結這個婚，又怎麼抱怨起我呢？」

現代的媒人，實際功用應是在結婚時幫雙方家庭跑腿之用。一直到雙方決定結婚後，習俗上仍需男方向女方提親，即使雙方是自由戀愛，也要找位親人朋友充當媒人，帶著男方家長和本人到女方家提親，幫男方說好話請女方家長將女兒嫁到男方家，還有婚事、婚期、聘金、訂婚禮品、儀式、喜餅、宴客等帶著現實層面問題的瑣事。

台南大天后宮

『登名造冊牽姻緣，與月老打合同。』

｜樣樣是第一，全台唯一祀典媽祖廟｜

　　全台灣有數以百計的媽祖廟，但位於台南市中心的大天后宮卻是真真確確的第一間。誰是第一座最古老的媽祖廟？受有爭議的不僅有供奉月老的「鹿耳門天后宮」和「正統鹿耳門聖母廟」，嚴格來說還有正統之爭，開基、開台之爭，更有來自湄洲祖廟之爭。然而根據研究，「台南大天后宮歷史沿革」有教授的史料為其背書，北港朝天宮、大甲鎮瀾宮、嘉義新港奉天宮和彰化南瑤宮，皆是來自「大天后宮」的分香或再分香。加上廟宇建築氣勢宏偉，得到清朝皇帝認可，將其列為官式廟宇，與文廟、武廟統一由官署籌備春秋祭典，全台灣只有此處。因此，大天后宮是台灣第一間媽祖廟。

　　台灣在中國明朝時期就有先民登岸，官方則由鄭成功延續明朝名號進駐台灣進而拓墾。西元 1664 也是清朝康熙 3 年，一位明太祖九世孫遼王後裔寧靖王，本名朱術桂，來台定居，建造這座王府，名為「明寧靖王府」。歷經時代變更至今已更名為「台南大天后宮」，卻是全台灣唯一可以看到保存的中國明朝建築。

　　第三項第一更顯威風，自清朝康熙、雍正以來的歷代皇帝，賜與「大天后宮」的御扁數量凌駕全台各廟。

　　造訪台南地區其他月老公前，一定要先到此廟的月老公「拜碼頭」，因為祂是全台南地區第一座供奉月老的廟宇。

　　緣粉＝緣分，用來祈求緣分早日降臨的意含，是由「台南大天后宮」流傳出去的，原先是因媽祖為女孩，信徒們認為媽祖也需要梳妝打扮，便紛紛呈上緣粉給媽祖，輾轉就演變成可向月老公祈求姻緣的供品之一。

　　相傳台南大天后宮是全台灣第一間建造月老「祈姻緣許願文」

的廟宇，更有唯一僅提供給有情人的月老靈籤。

| 「緣粉月老」將情侶快速拉進婚姻 |

　　台南大天后宮的月老業績在當地居民口中算是全台第一，聲名遠播，卻在「網路關鍵報告」的最靈驗月老公統計中排名第二，不知居民們是否會感到失落。畢竟樣樣拿第一的廟宇，竟也有拿第二的項目。可能是此尊月老對於有伴侶的問題比較在行，但網友們多數是單身者，要來求個真命天子、天女，以致將「大天后宮」排選為第二。

　　話說此尊月老有「緣粉月老」之稱，而這其實有一個美麗的開始。最初參拜大天后宮的信眾因認為媽祖是位女孩，所以幫祂置入媽祖床、盥洗台、梳檯台、衣櫃等，除此之外，供奉的貢品除了水果餅乾，還額外添加「緣粉」給祂抹抹面容。經口耳相傳，緣粉有「緣分」之諧音，就在請月老進駐後殿後，將緣粉轉往月老公的供桌上，鼓勵有對象的信眾早日將緣分進升為夫妻，因此吸引不少情侶前來參拜，讓「緣粉月老」在感情裡「搽脂抹粉」、「蜜裡調油」，使緣分速速成就，修成正果。

　　然而情侶要成為夫妻，是關係著兩家人的事情，如果有情侶兩人相互許下承諾卻遭到家人反對，也可以到大天后宮的月老前祈求兩人的婚事能夠說成。

　　正因有豐富解決感情問題的經驗，大天后宮的月老殿裡，擺滿了結婚的喜帖和謝卡，都是見證神力後的感謝。

｜感情拉扯的問題，交給月老靈籤來解答｜

　　大天后宮還有月老靈籤，會給感情一個中肯建議，信徒可以先上香，心中默念雙方姓名、生日、地址，並說明想請示月老何處？像是姻緣成功機會、現階段遇到感情困境，再懇求月老靈籤給予指示。完畢後，插香，將筊杯過爐淨化，再與月老公作主賜給籤詩，擲取聖杯才可再求籤。

　　求籤的方式很特別，要連續擲三次筊，再記住三次筊的形狀和順序，方能得出正確籤詩。一旁有「月老公靈籤」的詳細順序和可抽第幾首籤的對照表，參照即可。如對於求籤告示不明白，可請教

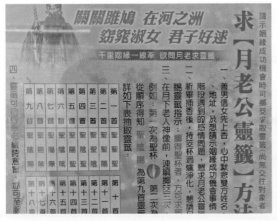

志工阿姨，她們會熱心指導。

　　求到籤詩有時會一則以喜一則以憂，於我參拜之時，有三名年輕女孩正在擲筊求籤詩，可見三人都有對象，但誠惶誠恐的模樣引來我的好奇，她們一邊詢問志工阿姨一邊小心翼翼對著地上擲筊，熱心的阿姨不厭其煩，輪番向三名年輕女孩指導如何擲筊。好不容易，三人都擲完筊並到外面取籤後，沒多久，其中一名長髮女孩進來詢問志工阿姨問題。

　　「這張籤是說，現在的對象跟妳不太合。」志工阿姨看著籤詩說。

　　「啊？是說我們兩個沒辦法在一起嗎？」年輕女孩急切地問。

　　「這個……嗯，就籤詩看來，是你們有些問題可能不太合適。」

志工阿姨越講越小聲。

「不然，可以再換一支籤嗎？」年輕女孩帶著哽咽的語氣。

「這個……嗯，還是妳要去服務台那邊，那邊的師兄師姐比較會解籤詩。」志工阿姨顫抖地說。

年輕女孩低著頭走出供奉月老的地方。

故事看到這，我有著廣大的想像空間，這女孩與男孩真的有感情上的問題，那是發生什麼事了？還要重新取支籤？

好巧不巧，在我離開大天后宮時，一出門口就見到那名女孩正與一個男孩聊天，那男孩打扮相當潮，理了個平頭，比女孩高過一個頭。只見女孩抬著頭，一個勁地向男孩說話，不時拉一下他的手又放開，但男孩則時而看她時而看往旁邊，感覺兩人的互動不像是情侶，讓我不禁聯結她所抽到的月老靈籤：現在的對象跟妳不合。

#一級古蹟

| 祈姻緣許願疏文，牽姻緣有憑有據 |

拜月老求姻緣的風氣盛行時期，有這麼一說是在西元 2000 年之後，一直到 2009 年到達一個高峰，接著是 2012 年，不過還沒盛行時，大天后宮已首創「祈姻緣許願文」給單身未婚沒有對象者，在祭拜完畢後再連同金紙與許願疏文一起化掉，這是專屬此廟的月老尊神，像是給月老公做筆記讓祂別忘了自己。

現在各地拜月老的廟宇隨處可見許願文、祈願書，還有專業疏文，顯得「祈姻緣許願疏文」並不特別，但在拜月老僅流傳於單身

男女私下交換資訊時，這份許願疏文的出現，讓滿心盼望愛情到來及進入婚姻的男女，有份憑據向神明傾訴自己的決心，是個紮實的心靈寄託。接著再去求紅線，向月老公請示再擲筊，得聖筊者可在月老公前的拐杖上抽取一條紅線，隨意放在衣服上任它消失不見。哪天發現紅線不見了，代表月老已準備好對象，就等著自己走出門，接著只要將偵測愛情的雷達打開，就能找到姻緣。

記得哦，找到對象後要回來答謝月老尊神，並到服務台登記，服務人員會給一張還願金卡，填寫感言後吊在還願閣，為月老公加加分。

| 紅線難求，卻一週見效 |

網友們分享了許多到大天后宮求不到紅線的沮喪，甚至有同行三人，其中兩人都沒有得到聖筊，失望地離開月老面前，竟傳來另一名朋友得到聖筊求得一條紅線，惹得同行友人心裡不是滋味。

正因這裡的紅線不如想像中的好求，有一對雙胞胎男孩，年紀約 20 出頭多一點，被媽媽帶到月老公面前求紅線。雙胞胎聽從媽媽的話，向月老公唸了經文，接著拿起供桌上的筊杯同時一擲。

「哇！太好了。」耳邊傳來婦女的歡呼聲。

原來雙胞胎都擲到聖杯，逗得媽媽開心地忍不住輕呼起來。只見兩張懵懵懂懂的稚氣臉龐，跟著服務人員的引導取下紅線，放進衣服，但一旁的媽媽帶著高興及擔心兒子們沒有照正確方式就得不到姻緣的緊張表情，亦步亦趨地跟在兩人旁邊，現代爸媽們對於子女早日成家的心意是既期待又緊張的呢。

至於紅線的威力，據當場志工阿姨說，她遇到一個女孩，求到紅線一個禮拜就找到男朋友，覺得月老公辦事能力快速，再帶上姐妹淘到此求紅線，使得大天后宮的緣粉月老又多了個神速找姻緣的頭銜。

如果是新春到大天后宮，廟方會提供符咒DIY，給信眾動手做，然後帶回家保平安。種類繁多，當然有「月老姻緣符」，能自己動手做的樂趣挺新奇的。

求姻緣流程：

❶ 求紅線者先購買一份金紙和金世良緣的月老公許願組，費用250元，許願組裡有金箔、紅線、香包。也可自行另外準備四果、鮮花、糖果，內含祈緣許願文疏文，填寫姓名、地址、出生年月日後，表示要給月老公登名造冊，祭拜後將金紙與疏文化掉。

❷ 將月老良緣符（需另購，費用為250元）放入月老福袋中與紅線、緣粉一起向月老公拜後再過爐。

❸ 紅線放進衣服內隨意讓它消失，以便月老公牽紅線。

❹ 另外可以點姻緣燈，一年費用600元，需預約，額滿為止。

❺ 還願時，訂婚享喜餅和謝卜向工作人員登記，工作人員會提供一張還願卡，自行填寫後掛在謝板上，工作人員會將喜餅分享給未婚男女食用，分享喜氣。

◆ 建廟時間：西元 1653 年
◆ 開放時間：05：30 ～ 21：00
◆ 地　　址：台南市永福路二段 227 巷 18 號
◆ 電　　話：06-2211178
◆ 交通方式：
開車｜自永康交流道下高速公路、走 1 號省道、進入公園路後、右轉民族路銜接永福路二段、即可抵達。
公車｜自台南火車站前搭 2、5、7、11、14、15、17、18 等路市公車至西門站，轉搭 27 號於天后宮站下車。

詢問度　　　　　　訪問度
★★★★☆　　　　★★★★★

日月潭龍鳳宮

『一個月靈驗的月老傳説，
　求籤詩，預知姻緣何時來臨。』

| 原名光華島，正名邵族祖靈的拉魯島 |

　　現供奉於日月潭龍鳳宮的月老，最早是位於光華島上，即位於日月潭正中央的小島，民間傳說此尊月老公的由來，是有一信徒在夢裡遇到月老，感到神明降臨之靈驗，於是請人塑造金身供奉於此處。以日月潭國家風景區管理處的網站記載，民國 67 年南投縣政府在光華島設置月老老人祠，吸引情侶們到日月潭約會觀光並搭乘船隻到島上參拜月老，祈求感情順利。為促進觀光，南投縣政府每年舉辦「水上集團結婚」，一度造成佳話。直到 921 大地震後，光華島遭地震破壞結構，月老被迫改遷於龍鳳宮旁的月老祠。

　　那年剛過月下老人誕辰，在光華島熱鬧慶祝月老生日，沒多久921大地震將祂老人家的住所破壞，同時震出原住民邵族的遺址，因地震過後，日月潭水壩受損，水位急降，在潭正中央的光華島，陸地露出水面甚多，還包括留有邵族生活過的一片遺址土地。其實這座島始終是當地邵族原住民認知的「拉魯島」，他們祖先靈魂安息的地點，經過921大地震將遺址顯露出來，加上原住民意識抬頭，於是邵族人積極向政府爭取改回原來名稱：「拉魯島」。

　　如今拉魯島在日月潭水壩恢復正常蓄水功能後，僅山頭露出，為恐拉魯島沉入水面，日月潭國家風景區管理處決定施實「抬高拉魯島工程」，雖然有部分人士認為，拉魯島屬於自然風景，如造成下沉也是自然環境因素，不該人為介入，但是該管理處仍堅持動工。

| 站著的月老比較靈驗 |

　　在日月潭最有名的廟宇應屬文武廟，相較之下，位於西邊的龍鳳宮，遊客不僅感到陌生，也不會特地安排拜訪此地，但卻因快速成效的靈驗月老入住，帶動了不少遊客慕名前來。甚至有網友誤闖文武廟，想要尋找月老的身影，可惜撲了個空。

　　進住龍鳳宮前，廟方特地在入門右方建座月下老人祠，迎接嬌客入廟。這尊月老在近40年前，還不盛行拜月老之際，有別於立於供桌上的神像，以生動的1比1站姿供信眾參拜，留著長長的白

色鬍鬚，面容微笑地鼓起雙頰，一眼便感到是尊親切的月老公。戴著一頂藍色帽子，身穿同為藍色色系的衣棠，搭配鮮艷衣袖，攤開兩手掛上長長紅絲帶，絲帶尾端的紅色繡球上綁滿了紅絲線，讓求得姻緣線的單身男女取回放身上。而他巨大的神像站著俯看人們，使人仰頭望向祂時，不禁想起有人說過：「站著的神明通常比較勤快。」難怪當地居民流傳著：「快則一個月，慢則半年可促成姻緣。」

身處湖光山色的美麗風景下，此尊月老被造訪的風潮略顯遜色，但這麼一來，竟使網友們對這尊月老讚譽有加。不少網友聽聞盛名紛紛到此參拜，原以為日月潭和靈驗月老的相乘作用，會使龍鳳宮擠得水洩不通，一到此地後，發現好停車，又能自在地求得姻緣線，也可單獨享受月老的加持。

龍鳳宮的月老公規矩不多，只要點上六支香，向他告知自己想要求姻緣的對象即可。而想要求姻緣線的人，向月老公請示並得到一個聖杯後，即可被劃上一筆，表示紅線的一頭已綁在自己腳踝，接著就等月老公將另一頭拴上對方。

| 求支籤，預測姻緣路 |

　　參拜的過程中，剛好遇到一對新人正喜悅地將喜餅放上供桌，還開心地與廟方服務志工阿姨分享糖果，令我親眼見證月老公牽姻緣的功力。只是，一旁有個對感情迷惘的女孩，與爸媽一起同遊，抽了一支籤正等著志工回神幫她指點迷津。好不容易等到志工阿姨轉過頭，接過女孩手上的籤詩，看了看。

　　「是問什麼呢？」

　　「問我跟男朋友的感情。」女孩怯怯地回答。

　　「嗯……妳不要想改變他，不要一直要他聽妳的話。」志工阿姨緩緩地開口。

　　女孩聽完後，對著父母呵呵笑了起來。

　　「感情是雙向的，去溝通才能走得長久，不能一直要他聽妳的。」志工阿姨又補了一句。

　　女孩點了點頭，向父母露出心有所悟的笑容。

　　不知是志工阿姨會解籤詩，還是月老明查秋毫，能讓女孩帶著領悟笑容回去，惹得我心癢癢想預測我的姻緣路。

　　籤詩是這麼說：

　　山窮水盡疑無路
　　柳暗花明又一村

　　這著實把我嚇到，暫不論是不是柳暗花明又一村，光是第一句就道盡我的心情，因為沒有對象可以走入姻

緣路，當然會覺得山窮水盡疑無路，果真有著月老神力。

再看著籤旁的解說：在心灰意冷、萬念俱灰之際，峰迴路轉，來了一線生機，為您帶來無限的希望。您已漸入佳境，必有佳遇。

不禁盼望未來的造化如同籤詩的說法，我已漸入佳境，必有佳遇，先就這麼相信著吧！

這裡的籤詩適合給單身或有伴侶的信眾，在感情路上覺得困惑可來諮詢一下月老公，裡頭的詩句頗有涵義，再對照其問題，真可以解答些什麼。聽說有人問著：「暗戀一個男生該怎辦？」抽到的籤詩為：「再，斯可矣。」意思是：再等等就可以了。至於是該等待還是放棄，交給時間，等等就可以了。

整筒籤詩幾乎裝滿與愛戀情感相關的詩詞，有著：意中人，人中意，只那些無情花也情痴／永老無別離，萬古常團聚，願天下有情人都成眷屬／兩情若是久長時，又豈在朝朝暮暮／良人者，所仰望必終身者也，今若此／落霞與孤鶩齊飛，秋水共長天一色／有心栽花花不開，無心插柳柳成蔭。

籤解也是耐人尋味的一部分，有名宅男求到一張籤：在幽閨自憐。正文短短五個字，籤解有一長篇：為何如今您尚未遇終生之伴侶？在古代女子足不出戶，男兒亦不得隨，必憑父母之命、媒妁之言成婚，惟世局已變，男女均該走出家門，多多交往，先友後婚可也。得到此一指示，宅男頓時茅塞頓開，決定沒事出門逛街找姻緣。

| 月老文滿天飛，放閃當見證 |

求姻緣線流程的告示牌下方，寫著「邀請參拜大德，留下個人

的基本資料於廟方的聯絡箱，待廟方將來辦活動時可聯絡前來參加。」當時看到這樣的告示，我開心多個曝光機會可以找對象，不過仔細找找現場有沒有相關活動的介紹，完全看不到，就連網路上也遍尋不著廟方辦的聯誼活動，有點可惜。

所謂「月老文」，是拜月老的過程文章或是拜月老後交到男女朋友的分享文章。尤其以拜過龍鳳宮的月老文，有最多放閃見證此尊月老公的威力。

有人說著女同事在拜完一年內結婚；有人單身六年乏人問津，卻在拜完龍鳳宮月老後出現一些桃花；有人跟朋友到此求姻緣求籤，說是秋冬會遇到，果真在中秋節出現男友且一年內結婚；有人在拜完月老當晚被將來的老公告白；有人拜完不到一個禮拜交到男友也訂了婚。

看了這些月老文，不得不深信自己已漸入佳境，必有佳遇。不論有對象沒對象，就選個假日，立即起身到龍鳳宮的月老跟前求個籤聊聊天。

求姻緣流程：

❶ 費用隨喜，點上 6 支香，向月老公告知自己所想要求姻緣的對象。

❷ 欲求姻緣線者，向月老公請示並得到一個聖杯後，可自行取得紅線。

◆ 建廟時間：西元 1978 年
◆ 開放時間：06：00 ～ 21：00
◆ 地　　址：南投縣魚池鄉中山路 292 號
◆ 電　　話：049-2856818
◆ 交通方式：

開車│中山高速公路下台中中港交流道，接台 74 線（中彰快速道路），經台 14 線，過草屯、埔里，走台 21 線到魚池，再到日月潭。

公車│於台中車站附近的柳川西街，搭乘台中仁友客運直達日月潭公車，每天上午 8 點和下午 2 點發車，上午 10 點和下午 4 點返還。到了日月潭，詢問即可找到龍鳳宮。

詢問度　　　　　　訪問度
★★★★☆　　　　★★★★★

嘉義城隍廟

『集嘉義市所有神明於一祠，
　更可以到對面的喜事專賣店沾滿喜氣。』

｜全台各縣級城隍中唯一加封尊號的官廟｜

嘉義城隍廟是台灣各城隍廟中，唯一擁有皇帝賜匾的宮廟，於光緒13年（西元1887年）受頒「台洋顯佑」匾，因神靈顯應，由光緒帝頒賜，成為全台各縣級城隍中唯一加封尊號的官廟。全廟坐地而起共有六層樓，起初立廟時是為了將全嘉義市63座寺廟，各保存一尊主神於此建造。每尊神明平均分散六層樓，皆有一間完整的私密空間，尤其最頂樓玉皇大帝像是置於閣樓，窄小空間任由信徒盡情傾吐心聲。

古名為「諸羅」的嘉義，在荷蘭人占據台灣時期已被開發，荷蘭人在市中心的邊境建立了東、西、南、北門，將市中心框起來，

設置為「諸羅城」，即為現時嘉義市中心附近。諸羅取名來自於平埔原住民洪雅族的諸羅山社，也有「諸山羅列」之意。

| 大婚公出馬，加速成就姻緣 |

2014 年 8 月，嘉義城隍廟廟方有感國內單身未婚人口逐年攀高，查詢古書，有位「大婚公」專門協助月老公處理人世間男女的婚姻大事。廟方服務人員黃先生在嘉義城隍廟服務多年，說明著：月老公處理姻緣簿，將單身男女依據其緣分拉起紅線，之後交給「大婚公」辦理兩人後續相見、交往到走進婚姻的事宜，方可加速成就姻緣。有名 36 歲蔣小姐，面容皎好個性溫和，無奈親友紛相奔走講婚事仍無果，使蔣媽媽十分緊張，覺得女兒過了適婚年齡，要找對象和生小孩已不容易，於是前來參拜月老和大婚公，期盼有神明的力量加持，給女兒一段好的姻緣。

這尊大婚公的面容烏黑，表情嚴肅，與上方笑咪咪到

臉頰鼓鼓的月老公相比，顯得不太親切，不過在聽完服務人員說明大婚公的職責所在，也許該體諒祂認真忙碌辦理單身男女的大小雜事。不禁讓我想起，許多攤販會在自家攤位掛上：「工作中沒笑容請見諒。」正如這位大婚公。

｜透過緣粉紅線交換，找到自己紅線另一頭的緣分｜

這裡的月老有一間專屬套房，裡頭擺滿單身男女祈求姻緣所需的物品，包括姻緣燈、祈福金卡，還有一盒不起眼的盒子，上頭貼著「欲求姻緣者，請先擲一聖杯，OK 後，再買 1 對紅絲線、1 包緣粉來換。」打盒舊盒子，裡頭有各式緣粉和各種紅線。

原來此尊月老的辦事風格是要信眾自行交換自己的紅線緣粉，在擲到聖杯後，才可將自己的 1 對紅絲線和緣粉放進盒子內，再取出裡頭 1 對紅絲線和緣粉帶走，至於想要拿走哪種紅絲線和緣粉，就看自己對哪種線和粉有 fu 囉！更有無限遐想空間在於，那又是誰人放的紅絲線和緣粉呢？說不定自己拿到的就是未來另一半放的物品呢，定情之物。

剛開始我對這種求紅線和緣粉的方式感到很茫然，所以我另一

次造訪嘉義城隍廟時，再向服務人員詢問，真的就是自己買紅線和緣粉，求得一個聖杯再到盒子裡做交換嗎？服務人員親切地再從頭解說求姻緣的方式，與上述的方式相同，卻也提醒著，自己買來的紅線不要太長哦，牽線若太長，對方從這一頭找到另一頭，就需要慢慢慢慢慢慢慢慢找，可能因此蹉跎了大好時光。

｜婚嫁用品店包圍，喜氣滿滿｜

走出城隍廟，不由得感到喜事已向我圍繞，我想不光是我，任何人到此一遊都會有相同的感覺，因為一出門，對面和同排建築物的一樓店家，不約而同賣起婚嫁用品，招牌全都喜氣洋洋，粉色、大紅色，連旁邊的花店也湊上一腳，擺滿鮮艷火紅的花朵，怎能不令人看得心花怒放。

隨意瞧瞧台灣傳統婚禮的用品，連與我同行的媽媽都不熟這些東西，畢竟她是北部人，這些講究禮俗以南部地區較多，就當是沾沾喜氣，預習一下自己之後的婚禮儀式。

求姻緣流程：

❶ 自行至附近金紙鋪購買兩條紅線與緣粉至廟裡拜拜後交換。

❷ 可於廟前購買一份金紙和香，由正殿拜起至最上層五樓。

❸ 再到月老面前報上姓名、地址、生日，希望對象的條件。

❹ 擲筊得到三個聖杯，可請廟方人員或自行將帶來的兩條線放至月老面前，再取兩條紅線裝進紅包袋中，而緣粉拜後帶回家放在衣櫥裡，盼望緣分早日到來。

❺ 訂婚還願時，拿喜餅給工作人員，讓未婚男女分享喜氣。

◆ 建廟時間：西元 1715 年
◆ 開放時間：05：30 ～ 22：00
◆ 地　　址：嘉義市東區吳鳳北路 168 號
◆ 電　　話：05-2228419
◆ 交通方式：

開車｜由國道一號下嘉義交流道，東向走北港路往市區，上嘉雄路橋，直走民族路，遇吳鳳北路左轉。由國道三號下竹崎交流道，走林森東路、林森西路，至吳鳳北路左轉。

公車｜嘉義火車站前搭往梅山、新樂寮、竹崎的嘉義縣營公車，於東市場站下車，循吳鳳北路可抵城隍廟。

詢問度　　　　　訪問度
★★☆　　　　　★★★☆

台南大觀音亭

『從古流傳至今的相親地點，讓害羞無對象的女性
向觀士音菩薩拜完保平安，再委託嘴大說四方的
說媒觀音，將隱藏的姻緣全部談出來。』

| 歷史緣故，向月老求姻緣成民生必需品 |

　　台南府城廟宇眾多，供奉神明各有不同，唯獨尊請月老陪祀的
廟宇不占少數，2010 年 8 月《自由時報》有一專題，將台南「牽線
功力指數」、「拜月老路線」等資料歸類出大天后宮、祀典武廟、重
慶寺和大觀音亭等四座寺廟月老最得信眾稱讚，於是有了「台南四
大月老」的稱號。然為何月老公在台南深受喜愛呢？網路上流傳一
篇文章：台南四大月老廟宇皆在清朝康熙年間創建，其供奉月老歷
史不晚於清朝中葉，那是由於台南府內很繁華，進住者是非富即貴
的大戶人家，但古代女子多被限制出門，更沒機會見到異性，當然
不可能自由戀愛，所以在過年過節，女孩們便藉拜觀音佛祖保平安

之機,到月老跟前求姻緣,可說是一種「民生必需品」。

　　其中又以大觀音亭最為古代單身女性所推崇,因為大戶人家的閨女如果要求神,不太會去太嚴肅的大廟,像是武廟等陽剛氣較重,會令女孩光看到神像就退避三分,當然要選擇神格屬於柔性的觀音佛祖。假以拜佛,實際上是出門看看單身異性或是找人託話約心儀的才子相公到廟前與他短暫地「不期而遇」,因此大觀音亭在古代,還有個熱門相親地點的傳聞。

｜小巧觀音亭與興濟宮相連,佛道教和平共處｜

　　初次拜訪大觀音亭,受到「大」字誤導,以為會是間大廟,就略過偏間直達一旁廟宇,但遍尋不著月老公的下落,一問之下才知道我是到了主奉醫神保生大帝的道教興濟宮。走過一遭才知這間佛教觀音亭與道教興濟宮為互通,建築結構左右兩側之間還有一塊地區,據說是供參拜官吏更衣與休憩之用的官廳,三者以八角門互通。

　　通過八角門,到達大觀音亭,是個長方型建築物,共有三川殿、拜亭、龍虎井、正殿、過水廊與後殿,而月老便是供奉在正殿,面向觀音菩薩神像的左手邊位置,一處看似獨立又與正殿相連的角落。

| 嘴大說四方，把隱藏的姻緣全部談出來 |

　　傳聞大觀音亭的月老嘴巴很了得，在我參拜之時，仔細地研究這尊月老，的確嘴巴比其他廟寺的月老來得寬大許多，嘴唇也厚實，加上鼻翼開闊，整體比例特殊造就與印象中的月老公有著不一樣氣質。廟方曾向媒體表示，有對新人交往多年，婚事遲遲無法說成，某次男方再度前往岳父家提親的前一天，女方說到當晚夢到有位長得像大觀音亭月老的老人，沒想到隔天婚事果然談得順利，兩人認為是大觀音亭月老庇佑，令他們有情人終成眷屬。

　　原本預期會有不少黃花閨女前來求姻緣，畢竟傳承古代傳統，大觀音亭素來有「為素昧平生、無對象的人們尋媒、結緣，尤其適合單身、無對象女性來求」的口號，但僅有女孩們匆匆禱念上香，卻不見擲筊。我心想，台南四大月老廟可能瓜分了單身男女的信眾。

　　雖然傳統嘴大說媒的快速成效光環看似不在，但我卻覺得，到大觀音亭求姻緣可以與觀音菩薩多多親近，補補女孩氣質，加上能安靜與月老溝通聊天，取得聖杯後可向服務台免費取得緣粉、紅線，很適合單身女生來走走。

| 隔年結婚，開發文創商品答謝 |

　　2014 年 5 月，台南四大月老共同開發一組「百年好合，緣粉彩妝盤」，因某彩妝公司副總吳美妹，許多年前與同是40 歲的單身姐妹相約到大觀音亭求姻緣，剛好在之前經介紹認識一位中研院研究員，她們相約參拜那天下午，她先到但不見朋友，以

為其他人已經拜完離開，趕緊跑進廟裡拜月老，拜完出來才見到朋友們。不料拜完隔年，她果真與該名中研院研究員結婚。喜宴上，大伙挖苦她當時手腳太快先去拜，將她們的姻緣都給求走。

這位彩妝副理，拜完月老有切身之感，信眾從大觀音亭求到緣粉，並不會將它擦在身上，因考量到成分，不知自己會不會過敏什麼的，她覺得很可惜，失去拜完月老擦緣粉，期待緣分早日到來的好兆頭。於是她藉由自己的專業與台南月老廟合作，相信月老的神力不僅會加持在她身上，還能幫助每個女孩找到理想對象，而且是經過專業把關的彩妝產品，品質值得信賴，讓信眾可自行選購，而且有月老加持，更可讓女孩們的妝容顯得亮麗，吸引好緣分。

離開大觀音亭之際，可見到面向廟的左前方有一顆掛滿瓶子的樹，它可是一株百年榕樹，讓情侶在姻緣瓶裡寫上姓名等資料，掛在樹上，祈求兩人的情感能像榕樹的年紀般，百年不變。

求姻緣流程：

❶ 從後殿「大雄寶殿」開始參拜，到前庭「觀音佛祖」。

❷ 向諸神參拜完畢，再到月老公前，稟明姓名、住址、生辰、理想對象，上香後擲筊，有一聖杯即可於服務台與廟方人員索取姻緣袋（紅線、緣粉）。

❸ 將紅線放至皮包內，等它自然掉了就表示月老公已幫你牽姻緣，故紅線不要塞太緊。

❹ 緣粉連續擦三天（男生擦脖子、女生擦臉頰），三天後若有剩，加進水裡洗臉。

❺ 有情侶、夫妻求感情穩定者，可向月老公表明雙方姓名、生辰、祈求事項，可求取「姻緣瓶」（150元），不必祈取姻緣袋。

❻ 順利結婚者，可以喜餅、喜糖還願答謝；順利找到對象及所求如願者，則準備鮮花、水果拜謝。

◆ 建廟時間：西元 1678 年
◆ 開放時間：04：30 ～ 21：00
◆ 地　　址：台南市北區成功路 86 號
◆ 電　　話：06-2250326
◆ 交通方式：
開車｜台南仁德交流道下，走 182 縣道（東門路）往市區，到東門圓環接北門路一段往車站方向，在車站前往成功路即可到達。
公車｜搭 0 路、88、99 公車於大觀音亭‧興濟宮下車，或搭台南火車站公車到台南火車站，再由成功路步行，約 12-15 分鐘可達。

詢問度　　　　訪問度
★★　　　　　★★

月老成果之愛情故事 I
就是戀愛的感覺

他是在寂寞趨使之下去拜月老的。

那天，他一個人，寂寞兩年到三年的時間，期間透過不少朋友認識新朋友，但都沒有戀愛的感覺，在媒體和報紙強力宣揚台北霞海城隍廟的月老，一年撮合多少新人的魅力下，抱著姑且一試的心情，騎車到迪化街。

走進城隍廟，向廟方服務人員表明自己是來求紅線的那剎那，他開始認真起來，他回想，那時的心情也許是受到服務人員熟稔且專業的引導影響。繳了幾百元，拿到一組供品放在供桌，他跟著服務人員的指示，說明姓名、地址、生日，以及最重要的，希望另一半的條件怎樣。他自認不是個不自量力或好高騖遠的人，他只想找個下半輩子能一起過生活的人，於是他講了三個條件，沒想到半年後竟然出現一個女孩，完全符合他向月老開的條件，只有其中一個條件有些出入。然而在當時，他還不敢抱多大的期待。

拜完月老後的半年，他仍有朋友要幫他介紹新朋友，二話不說馬上參加，幾次過後，還是沒有感受到戀愛的滋味。

那年暑假，如同往常是一個朋友要幫他介紹新朋友的聚會，介紹人的陣容高達三人，相約到陽明山烤肉，他坐在車內等待新朋友到來，還沒見到本人，先從後照鏡瞥見她，就讓他全然驚艷。

事後他才知道，這名女孩並不喜歡這種朋友介紹對象給她的方式，要不是他平時與朋友的交情不錯，讓朋友瞞著女孩說只是要烤肉而已，他是見不到符合他向月老所開出條件的未來妻子。

有了驚艷感，原先老被朋友說他擺著撲克臉的表情，在中午吃飯時起了變化，他開始極盡所能地思考，該如何引起她的注意，於是想到投起所好。

「嗨，妳是學武術的嘛，妳們打拳的時候都有那個掌風對吧！不過我覺得那沒什麼了不起，我也會，而且還比妳們打出的掌風更威風。」他發下豪語後，站起身到女孩面前，側身擺出架勢，露出右手臂伸直向前，藏起左手用力拍打胸口，發出超大聲響：「波！波！波！」宛如武俠片中，主角打一拳又一拳，帶著掌風。

「不夠，不夠，我們聽不到。什麼掌風？」朋友在旁鼓譟者。

明明就有「掌風」卻禁不起朋友鼓譟，於是他再接再勵地用左手敲著自己的胸口，發出更響亮的「掌風」。但那群「損友」還是說聽不到，不過卻逗樂了女主角，他再痛都覺得值得。

可能朋友們認為打鐵趁熱，下午安排去打羽球，他與她的互動就跟朋友般自然，卻在他的堅持原則下沒與她留電話號碼而失去聯絡。

他莫名堅持，沒與女生聚會三次不跟對方要電話，沒有任何一本書籍或文章告訴他這麼做，可是他一直這麼緊守堅持。

好在「掌風」奏效。

她對他沒有驚艷卻有好奇，想著怎麼一見面時那張撲克臉，到中午又來個耍白痴逗她開心，因全場只有她一個人是學武術，想當然爾是衝著她而表演。於是抱著開放交友的心態，她從共同好友的臉書搜尋到他的臉書，並主

動加他好友。

　　說起與他一同去台北霞海城隍廟的月老面前還願時，她算是第一次認識月老，對這尊神明沒有特殊情感，就是當成感謝有神明的庇佑讓她能夠與他結為夫妻。倒是一直聽他口中說著，他向月老提出三個條件，她完全符合而感到這是尊很神奇的神明。

　　條件 1：身高 165~170 公分

　　條件 2：是個獨立自主的女孩，婚後能照顧好家庭，讓他專心工作。

　　條件 3：賢慧，不需太漂亮

　　因為第三點，她覺得不太準，再怎麼說她也是朋友間公認的正妹。一旁的他頻頻點頭唸著：「是呀，不太準。嗯，不過可能月老覺得她這樣的長相是被歸類在賢慧，不算是太漂亮。」

　　「不！應該是你有燒好香，才能找到我。」她像是強勢地說，卻是一臉向老公撒嬌的模樣。

　　「對對對，我是有燒好香。」他伸手摸著她的頭安撫著。

　　夫妻倆竟在訪談中，大肆地曬恩愛起來。

　　他們的戀愛之路從臉書開始，先在臉書當了好友，之後便約出去做個現實生活好友，兩人都好動，在運動上成了同好，很有話聊。幾次下來，他強烈受到「戀愛感覺」的襲擊，有種非將她收為己有不可的心情。他追隨她愛學習的腳步，一同去上課卻苦無關鍵時刻確認她的心，進而告白，於是他決定要做個轟轟動動的大事。

　　「我要用五天完成機車環島！」他宣告著。

　　看來似乎比騎腳踏車環島的人們遜多了，但做這件事時已超過 30 歲了。他強調那時他不是毛頭小伙子，是個在職場打滾多年的老上班族，要做這般熱血的決定也是掙扎許久。

　　他約了一群朋友與他一同熱血，同時也約了她。

　　她沒打算跟進，可是他不斷地與她溝通，傳達著：有些事現在不做，一輩子都不會做了！臣服於他的滿腔熱血，她答應與他同行。

　　似乎也默認他們的關係可以有些不一樣，他回憶當時的心情，所以從上路開始，他們自然而然地有較親密的接觸，甚至到了 2012 年底的倒數時刻，結束後他大膽地親上她的臉頰，惹來她一陣嬌羞。

　　兩人確認成情侶關係後，他總忍不住向身邊親朋好友宣傳著月老的神力，賜給他一個 99.9％符合條件的女朋友，因此有不少人受到他的影響第一次去

拜月老，甚至他自己的哥哥也在拜了月老後，於今年也傳出喜訊。

相處半年下來，他知道這就是戀愛的感覺，無可取代，所以在兩人到墾丁旅遊時，走到海灘，他從口袋掏出戒指向她第一次求婚。

「沒錯，因為不只一次，那是第一次。」他說道。「被拒絕當然不好受，但覺得拒絕的理由有點瞎。」

「只有我們兩個人知道而已。」她回答。

意謂著，她認為求婚是要當著更多人面前才有誠意，不過她事後表示，第一次求婚是真的被嚇到了，完全沒準備他有求婚的打算或是結婚的念頭，為掩飾不安，她隨口說了個理由，沒想到讓他準備很大陣仗等著她點頭。

他把她脫口而出的理由當真，找來他們共同朋友數十人籌備一場別開生面的求婚。

先是偷走她收集的相片簿，做成一本他們的戀愛史，再央求朋友找來電影《被偷走的那五年》裡的求婚神曲〈有一個人〉，請朋友幫他買了上千元的汽球、花束，並號召大家在 2014 年 3 月 30 與他一起仿效《被偷走的那五年》中求婚的橋段來完成這項任務。

在這之前，她的男性好友不斷地向她透露自己要求婚，還拗她幫他想求婚的橋段，之後還要她製作所需要的道具，她一一照做。

直到 2014 年 3 月 30 當天，她們一起到要幫他們的共同朋友求婚的場地，他突然不見，共同朋友要她站在人群中央，她才疑惑地問：「喂，主角不是你嗎？」共同朋友笑而不答，反而有人從後方幫她帶起耳機。這時一下子明白，這天的主角是她自己，看著數十人說著她的優點，並為她跳起求婚舞，忍不住紅了眼眶，嘴裡不忘一一感謝所有到場參與這一切的朋友。

他很緊張，雖然不是第一次求婚，卻仍手忙腳亂地把整套西裝穿得七零八落，連到了他出場時，他整身都在發抖，控制不了地發抖。他從朋友們站滿兩側的通道中穿越而來，到達她的面前，望著她一臉感動的淚水，但還是無法肯定她是否會同意他的求婚，他唸完所準備好的台詞，等著她的回答。

共同友人向她說：「自己被求婚的道具自己做，還不趕快拿出妳做的道具，是要 YES 還是 NO。」

她有種被整的窘樣，竟是自己做好道具給自己用。但他沒想到眼前的她，會直接給出 YES 的答案。

朋友們歡聲雷動，要他趕緊拿出戒指呀，竟發現戒指不見了。

「我真的很緊張！」他重複說著。

「後來有找到嗎？」我問。

「有有有，有找到，還被要求跪下來戴戒指。」換他撒嬌地說。

在 2014 年 12 月他們結婚了。

「結婚後，如何呢？」我問。

「跟戀愛的感覺不太一樣，有些地方需要去妥協、溝通，不過有個共同目標和身邊的人一起打拚是件很幸福的事。」他說。

PART-4

DIY 低調求姻緣

牽人姻緣叫紅娘，說法何來？

全台盛行拜月老，求姻緣方式五花八門令人目炫神迷，但有些名氣響亮的廟宇，其供奉月老公的態度卻很低調，隱身在廟宇的角落，讓信眾可以安安靜靜地祈福求紅線。

台北萬華龍山寺，向來是國外觀光客朝聖的必去處，裡頭月老雖然在小小偏間，仍吸引為數眾多的信眾至此，然而求姻緣紅線，不需志工輔助也不用唸什麼文章，向月老公擲到聖杯就可自行拿取；高名氣的高雄關帝廟，鎮廟之神為高達18尺（兩層樓以上高度）的關公，坐擁忠實信眾不計其數，後殿配祀的月老尊神則默默地為當地居民服務，沒多加宣傳；新竹地區的城隍廟，向來是當地居民的信仰中心，參拜此地月老的物品皆可自行準備，再祈求月老加持即可；台南除了「四大月老」外還有全台第一官廟——天壇，參拜完畢可帶走廟方幫信徒準備的緣粉和紅線；還有桃園新屋，可以 DIY 穿鉛球紅線做成祈福小物隨身攜帶。

如此低調應該是認為，服務信眾無須大鳴大放，而這個特性也與另一個幫人牽紅線的人物很相近，那就是「紅娘」。雖然她是個小說虛擬人物，但是成就一段美好姻緣，讓她活生生地烙印在人們印象當中，於是只要是熱心幫人拉成婚姻的人，我們便會稱她／他為紅娘。

紅娘原是個婢女，出現在唐代元稹的《鶯鶯傳》中，因為唐代的階級觀念重，所以很貶低婢女的地位。人們開始認識紅娘這號人物是始於中國經典名著《西廂記》，故事男主角叫張珙，是個書生，準備考取功名，在山西普救寺遇到崔相國的女兒崔鶯鶯，一見鐘情，向和尚打聽出她會在晚上的花園燒香悼念父親，遂等所有人睡著後走去花園，吟了一首詩，不料鶯鶯隨即回應一首，這下讓兩人心生情愫。之後鶯鶯看張珙夜夜苦讀，很感動，漸漸

產生愛慕之意。

可是有個叛將孫武飛聽聞崔鶯鶯面容傾國傾城，率五千人馬包圍普救寺，要求交出鶯鶯。裡頭只有崔鶯鶯和她母親兩名弱女子，帶著一些家眷和僧侶們，沒有一個人有辦法突破重圍，於是崔鶯鶯母親說：「只要有人可以救得他們一家，就把女兒許配給他。」張珙見機迅速寫信給他的好朋友，請他帶兵來援救。

誰知事情落幕後，張珙卻被告知，鶯鶯在她父親生前已許配給鄭尚書之子鄭恒，所以給了他一些錢，希望他能找到更適合的人，這讓兩人都很傷心。這一切看在紅娘眼裡，覺得崔夫人言而無信，又見張珙和鶯鶯為相思而苦，便安排兩人在夜晚以琴會面，當晚兩人互訴情衷更加深愛意。

但見面於禮俗不合，多日無法見面讓張珙得了相思命，託探病的紅娘帶書信給鶯鶯，鶯鶯看完信後再託紅娘回信給他。某天晚上，張珙見鶯鶯在花園彈琴，翻牆到花園急著與她見面，不料遭鶯鶯罵他行為不端正，丟下他就離開。

那次之後，張珙病得更加嚴重，崔夫人耳聞後與紅娘一起去探望，紅娘便藉機把鶯鶯小姐約他見面的書信交給他。

約會當天鶯鶯藉故推辭，紅娘說了她一頓，才讓鶯鶯卸下心房直接表明想法，紅娘一邊安慰一邊領著她去赴約，於是兩人私定終身。

崔夫人發現兩個人行為怪異，找來紅娘詢問，沒想到紅娘將私訂終身之事說出，還指責夫人言而無信，並建議夫人成全，以免兩人同室而睡之事外流而丟臉。於是夫人答應成全，前提是張珙考取狀元。

就在張珙考取狀元時，鄭恒出現告訴鶯鶯，說張珙已經在京城娶妻。鶯鶯失望之餘，紅娘理性為她分析張珙和鄭恒的為人，她大力誇獎張珙，極力貶低鄭恒。

最終張珙回到鶯鶯家，說明一切子虛烏有，才使兩人有情人終成眷屬。

紅娘這號人物，不只是一個牽線者，還以自己無私的辛勞，成全他人的幸福。

萬華龍山寺

『外國觀光客必訪的行程之一，
　縱觀國內外單身男女的月老公，藏在後殿偏間，
　給各國籍種族的人們低調求姻緣。』

｜並列國際觀光客來台旅遊的三大名勝｜

西元 1709 由福建泉州三個地方（晉江、南安、惠安）的人渡海來台，到達紗帽廚社的故址大溪口，即今貴陽街與環河南路，逐漸形成聚落，當時有原始居民平埔族人以獨木舟，從淡水河上游載蕃薯等農產品來此與漢人交易，所以這裡原本叫做「蕃薯市」，而口語相傳的「Banka」即為平埔族「獨木舟」的發音，後來漢文也改稱為「艋舺」。

早年的台灣北部是個常下雨又滿布山林的地方，總是充斥毒氣讓人生病，因此從泉州來的漢人都會帶著家鄉廟宇的香火庇護。後來漢人人口越來越多，那三個地方的人們便合資興建了龍山寺，迎

請福建省晉江縣安海龍山寺的觀世音菩薩分靈來台，而龍山寺不僅是信仰中心，如有議事、訴訟等皆會請求神明公斷。

　　龍山寺建寺後有不少神蹟傳說，民國 34 年，第二次世界大戰之前，當地居民會以龍山寺菩薩蓮座下為避難所，但二次大戰時，有一次空襲，居民因蓮座下蚊子太多而回家避難，那次戰火炸得中殿全毀，唯觀世音菩薩聖像仍端坐蓮臺，也沒有居民死傷。居民們相信這是受到菩薩的庇護。

| 過往朝聖文昌帝君，現走訪低調月老 |

　　龍山寺的月老並不顯眼，藏於後殿偏間，加上此寺主神威名顯赫以及文昌帝君盛名，要不是網路上有流傳可到此求紅線，很容易就會忽略過去。從小每遇大考時，我家陳女士便會帶小孩到文昌帝君跟前，祈求考試順利。

　　以往年紀尚輕，不太渴求婚姻，對於供奉於角落的月老不以為意，現在發現此尊月老的住所很小巧，如同龍山寺後殿的許多神明一樣，皆是獨立一個神桌空間，祂拿著拐杖，握著姻緣簿，鬍鬚垂至衣服下擺，看來是位很老很老

的老人家，但卻是額頭微凸面帶笑意，一副很有精神的模樣，不用擔心祂不幫忙求到紅線的單身男女。

這裡的月老低調，沒見廟方設立業績看板或有特殊求姻緣的儀式，只需買個香和供品，於參拜龍山寺眾多神明後，再與月老公公說說話就可以了，適合同樣不想太過張揚求姻緣的信眾。

｜求紅線需擲幾個聖筊｜

自從走訪月老廟，便留意起向月老求紅線的男女，這才發現月老面前門庭若市，沒有一刻閒下來。加上求紅線需擲到允筊才能拿，看到超多信眾待在偏處廣場，不斷地擲筊再擲筊，卻又覺得奇怪，怎麼有了聖杯還繼續丟著呢？甚至看到有些害羞的女孩，左顧右盼似乎在意著旁人的眼光，但還是一直在擲筊，是在問事嗎？

後來看到網上流傳，龍山寺的紅線需三個聖杯才能拿，難怪很多人待在原地不肯走，因為一直求不到呀！其實照龍山寺的服務人員所說，求紅線（姻緣線）有一聖杯即可。當然有部分信眾是在向月老問事，如果要問對象是否能交往，有一聖杯就行，如果問結婚對象，需有三個聖杯。說真的，要連續擲出三個聖杯的機率是不高。

　　這裡的月老紅線可說是熱門到不行，原因在
於帶旅行團的導遊們，經常將其紅線當做紀念品
分給團員們，或是直接與團員們解說，用手拜拜再
拿紅線，到香爐繞三圈，即可保佑有好姻緣。殊不知
台灣當地的信眾要連續擲三個筊，還苦求不到紅線呢！
所以一旁有保全不理導遊的解說，笑笑地接近遊客
說，需擲一個筊，神明允了筊再拿紅線，那才有其
意義和神力。我在現場看到那團的導遊退到一旁，
讓團員們自行擲筊，怎料遊客還回紅線再擲筊，
竟連一個聖杯都沒有，搞得整場氣氛很尷尬，所幸
其中團員逗趣地說：還不用嫁。

| 龍山寺月老最受男孩們喜歡 |

參拜龍山寺許多次，總覺得男生比女生多，收集網友對於龍山寺月老的績效時，果真最多男性網友回應。個人覺得，萬華對台灣人的印象來說，是個龍蛇混雜之處，沒有人引領到龍山寺拜過的女生，會心生畏懼，但對男生們來說，並沒有這個顧忌，又或許是低調月老讓害羞公開求姻緣的男孩們紛紛選擇此地，形成打扮新潮的男孩或是男同學們，揪團到此。單身女性如果當作觀光，不時到此地走走，也許能碰碰機會，在月老公面前遇到好姻緣。

有一男網友搞笑地說，月老給了他三個聖杯，所以拿了紅線，當天晚上立刻被人告白，只不過是個男的……。還有個網友說，他一直擲不到三個聖杯，一氣之下不管三七二十一拿了紅線再說，很快交了第一個女朋友，在一起兩天就分了。有個網友則是到龍山寺求了紅線，不小心弄丟，朋友安慰是桃花要來了，果不其然真的交到女朋友了呢。有對網友是常常分別去拜龍山寺月老，女方一次福

至心靈求了紅線，竟與老公從朋友
變成戀人，之後結婚。

　　每每看到網友分享的成功例
子，總是讓人興奮。有空要多跟月
老聊聊天，讓心靈有依靠和出口的
地方。

　　關於網友說紅線掉了代表桃花
要來了，的確是有這個說法，在台
南大天后宮，廟方服務的志工阿姨
說，要將紅線放在口袋，讓它自然
地掉，這樣月老就會開始牽紅線。

◆ 建廟時間：西元 1738 年
◆ 開放時間：06：00 ～ 22：00
◆ 地　　址：台北市萬華區廣州街
　　　　　　211 號
◆ 電　　話：02-23025162
◆ 交通方式：
開車│台北重慶交流道下，往台北
方向走民族西路接環河快速道路，
再走桂林路接西園路一段，然後到
廣州街。
捷運│搭乘捷運板南線至龍山寺站
即達。

詢問度　　　　　訪問度
★★★★　　　　★★★★

求姻緣流程：

❶ 求姻緣線，向服務處購買一份香，
　費用 10 元。供品可以準備餅乾或
　零食，或於廟外買盤蘭花也可以。

❷ 供品一份放於大殿，一份放於後
　殿的月老君面前。

❸ 取 7 炷香，自正殿參拜至後殿，
　共有 7 個香爐，各上一炷香。順
　序為前殿、大殿、後殿、天上聖
　母殿、天上聖母殿左廊、天上聖
　母殿右廊、文晶帝君廊、華陀廊、
　關聖帝君殿、月老廊、福智大師
　紀念堂、開山廊。

❹ 向月老表明信徒姓名○○○，家
　住○○○，今日誠心誠意祈求月
　老公公速速賜良緣，理想對象條
　件○○○，日後必定送上喜餅喜
　糖或多添香油錢答謝。

❺ 欲求紅線者，向月老公擲一聖杯，
　可取紅線一條。

高雄關帝廟

『用紅包袋寫上姓名，放置枕頭下，
天天加持自己，讓姻緣早現。』

| 工業之都高雄，成績斐然 |

　　舊名「打狗」的高雄，其實官方記錄大多記載「打鼓」，原是平埔族竹林社（一名打狗社）的居住地。在明清之際，有日本海盜船航行至此查問「打狗山」的地名時，日本人因發音困難，就用日文發音近似的「高砂」來代替「打狗」，所以日本人將高雄稱為「高砂」。直到民國 9 年，官方才重新將俗名「打狗」稱為「高雄」，較為文雅，使得沿用三百多年的「打狗」地名成為歷史。

　　從荷蘭占據初期設置防禦工事起，高雄便開始發展，不僅為台灣主要的土產輸出口，還是 15 世紀少數的國際港口之一，更在日治時期進行築港，漸漸形成工業區和運輸港區的城市。

　　關帝廟位於高雄「五塊厝」，又名「武廟」，此區開發甚早，在明鄭時期已有張姓、王姓、吳姓、方姓與陳姓等五姓人氏開墾，因此得名。鎮殿的關聖帝君高十八尺，相當於兩層樓的高度。此廟創建年代久遠，有一說是在光緒 20 年已有明文記錄建廟歷史。

　　相較於祀奉月老蔚為風氣的台南，臨近之都的高雄，只有少數二、三間供奉月老，而關帝廟則為少數中的其中一間。

｜包管愛情與婚姻疑難雜症的月老｜

　　走進後殿二樓，隱身在最左邊的小閣子，月老被一串串金箔和鮮花所圍繞，祂坐在椅子上，面容留著鬍鬚，表情嚴肅，手上拿的不是姻緣簿而是高舉法器，像是隨時準備發動神力幫助世間男女的感情問題。

　　難怪廟方說著，關帝廟的月老不只幫人牽紅線，還有解決爛桃花、重修舊好、家庭和樂等，包管一切愛情、婚姻的疑難雜症，更可增進人緣，改變磁場讓自己在工作環境或學校裡，處處順利。

　　參拜這裡的月老除了買一份金紙、糖果包和紅線外，記得準備兩個紅包袋，上面寫上自己的姓名和出生年月日，在化月老金紙時一併化掉，幫月老公做筆記，提醒祂趕快幫忙牽線姻緣。

　　關帝廟無專人指導拜月老，好處是能隨意與月老公說說話，於是見到一位媽媽帶著高她一個頭的兒子，為表求姻緣的企圖心，她要求兒子燃香跪下，照著月老金紙上的婚姻緣文疏唸過一次。只見兒子聽話地、恭敬地逐字唸著文字，也算是孝順的表現。

#糖果包

#姻緣合和金

#紅線

| 求關帝廟月下老人要小心？ |

網友參拜高雄關帝廟的月老並不踴躍，一方面是討論度不高，因為祂在後殿二樓的最左邊處，不仔細找的話很容易忽略，另一方面是沒有告示牌或專人指引。有一網友慕名到高雄關帝廟參拜，詢問廟方人員月老在哪，反被問說：「妳要來拜月老不知道月老在哪裡？」令該名網友對高雄關帝廟留下了不好印象。

另一名網友則說了他來求月老幫助與前女友復合，剛開始月老說要幫忙，前女友果真主動打電話來與他小聊一番，他開心地回到廟裡向月老答謝，還詢問廟方人員是否需要打金箔答謝，但可能是雙方認知有誤，廟方人員告知，要到結婚再前來答謝即可，所以回覆不用打金箔。豈料該名網友的前女友再也沒與他聯絡，他就認為是沒以金箔答謝造成月老不願再牽合他們。看看月老神像旁掛滿了「金箔」，為何廟方人員會回覆不用打「金箔」答謝呢？廟方人員應該是把「金箔」解讀為費用較高、含有黃金薄片的「金牌」。實際上月老旁的整片金飾，的確叫做「金箔祈福卡」，廟方有在賣，一片100元，有各式祈福字句，像是「長長久久，姻緣早現／百年好合，美夢成真／良緣浮現，婚姻美滿／早成連理，家庭和樂／短暫失緣，孽緣早斷／重修舊好，善緣早臨。」

就我自己的參拜經驗，因關帝廟所供奉的神明眾多，廟方人員也眾多，但並非每個人對月老文化都有所認識。像我詢問一名年輕妹妹該如何參拜，她雖不太認識月老，卻也照本宣科地解說給我聽，至少讓我明白怎麼參拜。如怕不知禮俗，先上網做做功課再去參拜，誰教關帝廟月老走的是低調路線呢。

◆ 建廟時間：西元 1665 年
◆ 開放時間：05：00 ～ 23：30
◆ 地址：高雄市苓雅區武廟路 52 號
◆ 電話：07-7218782、07-7218783
◆ 交通方式：
　開車｜中山高下中正交流道，直走中
　　　　正路，再右轉到輔仁路上，接著直行
　　　　至武廟路交叉路口，約 7 分鐘即可看
　　　　見關帝廟。
　捷運｜於高雄火車站坐橘線捷運，於
　　　　五塊厝站下車，步行 500 公尺即達。

詢問度　　　　訪問度
★★★★☆　　★★★★

求姻緣流程：

❶ 向金紙處買一份月老星君婚姻緣文疏、糖果一包、紅絲線，價格 200 元，自行準備鮮花一對，也可以 12 朵或 36 朵，還有五種水果、兩個寫有生辰八字和姓名的紅包袋，放在供桌。

❷ 參拜順序：天公爐（插香）、大爐（不插香）、右門之關聖帝君、關平太子、周倉將軍、右側之福德正神、左側之註生娘娘，左門出至大爐插香，右門入廟至後方的樓梯上樓，拜觀音佛祖（插香），下樓至太歲星君、各星君、左右側之神尊和月老公禮拜，再到殿外插香，回大殿拜後，至樓下財神殿參拜（插香）。

❸ 燃點一柱清香於月老前默禱，請月老星君做主，稟明自己的姓名、年齡、住址和喜歡對象的類型、條件，如有喜歡的對象可直接祈求，完畢後插香。

❹ 將兩條紅線其中一條、紅包袋與金紙一起化掉。

❺ 另一條紅線在殿前香爐順時針繞三圈，放在房中枕頭內。

❻ 喜糖則是與朋友結緣或自己食用。

新竹都城隍廟

『沾沾金閃光光的新月老喜氣，
業務還不多可加快辦理。』

| 信仰、觀光、美食和商業的中心地帶 |

　　身為全省規模最大的城隍廟，新竹都城隍廟在清朝時期被列為官廟，到了日治時期，有著庶民味覺的殿堂之稱，演變至今，是觀光客到新竹的必訪美食所在，聲名遠播。

　　早期因香客進香參拜，為了填飽大批香客的肚皮又顧及荷包，遂漸漸形成搭棚擺攤，從城隍廟周圍和法蓮寺前方的廣場，延伸至廣場外圍的東門街、中山路一帶，估算有 50 幾家小吃店將古蹟級的城隍廟團團圍住，形成一個特殊景色，於是參拜城隍廟得先經過眾多美食區。

| 新月老尊神金光閃閃面容圓潤 |

城隍廟的月老被供奉於後殿，金身衣裳閃閃發亮，額頭飽滿笑容滿面，手持姻緣簿和拐扙，樂意聽取信眾祈求，為單身男女的幸福奔波。據廟方表示，這尊月老是從 2013 年開始祀奉於新竹都城隍廟，雖沒統計過總共促成多少姻緣，但見還願信眾大方將謝卡貼於牆上，也幫月老證實了祂的神力。

參拜還耳聞有信徒輕呼：「這裡也有月老呀！」可見沒有多少人知道這尊新月老到來。不過湊巧看到一對年輕母女，恭敬地將供品放在月老公正前方，像是正要向新月老求段好姻緣。

| 拜月老，低調、經濟 |

　　關於新竹地區拜月老的經驗和回應，網友討論的都是擁有 120 公尺高之聖帝君像的古奇峰普天寺月老，除了因新聞報導和促成眾多良緣而聞名外，還有高達千元的儀式費用。相較之下，新竹都城隍廟因供奉月老的歷史不久，所以沒什麼網友前來參拜。我個人覺得，如果拜月老求姻緣，對於費用有所疑慮，就不要冒然付費。

　　既然新竹都城隍廟方這麼有心，請尊月老到此地服務，又打造得金光閃閃、笑容可掬，一旁還有免費紅線結緣品與信眾結緣，何不趁月老的業務還不多時，多到此地參拜，月老說不定可以盡速辦埋，但切記，紅線還是得獲得聖筊再取。如想要帶回更多月老神力，也可以考慮姻緣福袋，內有緣粉、鉛片、紅線和一符令，可在祭拜前先向服務台購買，再與供品、金紙放一起，取得月老保佑。

求姻緣流程：

❶ 準備主神城隍爺的供品和金紙。

❷ 參拜月老需另外準備一份供品，以及福袋（費用 100 元）、金紙各一份，放於月老供桌。

❸ 四個殿共五個爐，皆需參拜，順序為天公爐、都城隍爺、法蓮寺、彌勒殿、夫人殿（月老尊神）。

❹ 拜月老時燃三柱清香，向月老稟告自己的姓名、農曆出生年月日、住址，以及喜歡對象的條件，並說明事成後如何還願（通常是喜餅），然後擲杯求條紅線（免費）。最後再將姻緣福袋和紅線在各爐繞二圈，隨身攜帶。

◆ 建廟時間：西元 1747 年
◆ 開放時間：05：30 ～ 21：00
◆ 地　　址：新竹市中山路 75 號
◆ 電　　話：03-5223666
◆ 交通方式：

開車｜國道 1 號，新竹系統交流道下，走光復路二段、上東大高架橋，下橋左轉北大路，接著左轉中正路，再右轉中山路即到。

火車｜於新竹站下車，右轉中華路，搭乘市區公車 5、10、11、11 甲、20、23、28 路，在城隍廟下車。

詢問度　　　　訪問度
★★☆　　　　★☆

台南天壇

『台南廟宇中，神明最多、神格最高、
　香火最鼎盛，隱密處求紅線、裝緣粉』

｜台南香火最鼎盛的廟宇｜

天壇是與上天交談的場所，古時僅有帝王可在此祭天，相傳鄭成功占領台灣後，官方的祭天地點便設於「鷲嶺」，即台南天壇現址。台南天壇又稱「天公廟」，不僅是台灣史上首座壇廟，沿革至今，其所祀奉神明最多，當然也包括神格最高的玉皇大帝，而且由於官民合作，其玉皇大帝並非神像，而是以聖牌表示。

台南人說他們自己很忠誠，很死心踏地，只要拜了一間廟，到死都會追隨其廟宇，而台南天壇自始至終恰巧為眾多台南人所拜的

廟宇，所以是台南地區香火最鼎盛的廟宇。呼應著天壇的「一」字匾額，寓意是唯天唯大，一以貫之。

| 月老尊神只剩立錐之地 |

初訪台南天壇月老時，先被擁入人數眾多的參拜信眾給驚艷，不愧如台南人自己所說是最多人拜的廟宇。接著驚喜不斷，進入廟宇前的小巷兩旁，幾乎都有「結婚」二字的牌子，是在辦什麼結婚儀式嗎？靠近一看，原來是賣金紙業者，標示「代辦結婚拜天公」，還有賣著月老公金，詢問金紙店家，何謂「代辦結婚拜天公」，熱心的老闆說著，古代人流傳下來，在結婚之前需先拜天公，向神明請示後得到允許才可以結婚，所以他們有專辦整套向天公請求結婚的儀式，假如有向月老求過紅線，還需準備禮餅向月老答謝。這下可長了知識，結婚原來也是要得到神明的准許，這讓我更好奇台南天壇月老的模樣。

走進廟裡，逛過一樓來到第二層，再跑到後殿一樓，卻遍尋不著月老公的下落，最後向服務人員詢問，才得知月老公在後殿二樓。爬上二樓一看，還是沒看到月老公，就在準備放棄之際，在面對二樓大廳最左邊的地方，有一個牌子寫著「岳武穆王、天上聖母、月

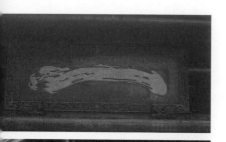

老公、註生娘娘」。在神明眾多的台南天壇裡，祂果真擠在只剩立錐之地的小神龕裡，而且因為拜拜的地方與神龕呈長方形距離，加上兩旁的花束、欄杆、點燈牆等，不仔細看是認不出哪尊是月老公的。

所幸廟方很貼心，提供紅線、緣粉給信眾，只要自行向月老請示即能帶回家當信物。可惜熱門的緣粉和姻緣袋早已被索取一空，但所幸當天還有許多紅線可供信眾帶回。

我在這待了十幾分鐘之久，沒等到任何一名求姻緣的信眾，大都是拿香拜了拜，致意岳武穆王、天上聖母、註生娘娘和月老公。這讓我有些詫異，台南天壇不是最多台南人參拜的廟宇嗎？怎麼沒人純粹衝著月老的面子而來呢？可能是其他神明的名氣太響，令月老公被冷落，但我卻覺得，這樣能盡情與月老公訴說心情。

台南天壇天公廟的姻緣福袋，是所有福袋中我認為最喜氣的，以亮橘色為底，繡有著兩顆紅色愛心和姻緣二字，雖然廟方沒有寫明費用，但可照自己的心意投入香油錢取得，再將漂亮喜氣的福袋帶在身上。

| 當做車馬費的專屬月老金紙 |

台南天壇的月老公是台南市區難得有專屬金紙的地方，故有媒體將它視為慰勞月老的車馬費，然

而我想，神明們有求必應不光是因為我們奉獻了什麼物品給祂們，有更多應該來自於感動人們有將祂們的辛苦放在心上，而創造一份專屬月老金給祂老人家。

占著一個小小的地方於此，月老神像的黑色面容上留著白色鬍鬚，遠遠看不出表情，不過眼睛半闔、手持拐杖，猶如靜心傾聽信眾的愛情問題，有空可以騰出大半天的時間，來與月老公求紅線、緣粉，不忙給人打擾，並參拜天界的實際領導者、地位最高的玉皇大帝，見識古代天子進行祭祀的地方。

雖不見網友對此地月老有何見證，但也許正如同此尊月老不計較自己的占地有多大，即使月老能踏實地將回應信眾的盼望，到此祈求姻緣的信眾，在願望成真後也沒必要放上網路分享吧。

求姻緣流程：

❶ 取下月老公姻緣袋，將油香金投入「姻緣福袋油香金專用投入口」。

❷ 拿取桌上紅紙，至香爐挖取少許香灰，包起來後裝入姻緣福袋裡。

❸ 將月老公姻緣福袋放在供桌上，點燃三柱清香，面向月老公默念自己的姓名、年齡、住址，祈求月老保庇平安順遂，完畢後持香行三鞠躬。

❹ 將三柱清香插進香爐，取回姻緣福袋。

❺ 手持姻緣福袋，以順時鐘方向在香爐上方繞三圈過爐，讓月老加持神力。

❻ 小心收藏姻緣福袋，最好能隨身攜帶，保佑平平安安，事事如意。

※ 建議每次香油金限拿一份福袋，以讓更多有緣人可以拿到福袋，並讓更多人有好福報。

◆ 建廟時間：西元年
◆ 開放時間：05：30 ～ 21：00
◆ 地　　址：台南市中西區忠義路二段 84 巷 16 號
◆ 電　　話：06-2227983
◆ 交通方式：
開車｜台南仁德交流道下，走 182 縣道（東門路）往市區，到圓環接府前路，右轉忠義路二段，總路程約 20~25 分鐘
火車｜於台南火車站下車，看到成功路右轉，看到忠義路二段再左轉，總路程約 25~30 分鐘

詢問度　　　　　訪問度
★☆　　　　　　★★

桃園新屋八路財神廟

『一舉兩得，求姻緣還能順便補財庫。』

｜八路武財神掌管人間財庫與財利｜

這裡供奉的神明不同於其他寺廟，也因此頗富盛名。此處的主神為八路武財神，我們常聽到「五路財神」，對於「八路財神」反倒感到陌生，從網路上查資料，發現財神趙公明，有四位義兄弟幫他收盡東南西北中的五方之財，故有五路之分。而八路武財神廟的官方說法則是：趙公明被玉皇大帝封為財神爺，率領八位金銀匠護法，掌管人間財庫與財利，並賜予一隻正義黑虎作為護駕坐騎，以及一隻善惡分明的招財鳳凰金雞作為傳信使者。因此在廟裡有飼養公雞且備有紅雞蛋給民眾享用，同時有求財的「八路發財金」，可補人財庫。

傳聞中特種行業需要拜什麼樣的神才能生意興隆呢？原來是天蓬大元帥，俗稱「豬八戒」。親自走訪此間廟宇後，發現其所供奉之天蓬大元帥，真面目竟然意外英俊挺拔，見祂身後貼滿整片牆的名片冊，就可知祂業務繁忙，需要照顧的服務業甚多，不僅是特種行業，還有房仲、保險等業務人員。

至於想要在賭場一本萬利，就要來參拜賭神之祖「韓信爺」，據說，擲骰子和麻將都是祂發明的，主要是韓信在帶兵打戰時，怕士兵無聊，於是發明了這些遊戲來排解他們的寂寞，且料竟被後世的人拿來當賭博的賭具。

| 自己 DIY「鉛」紅線，「結」好緣 |

此地月老原本有兩尊，一尊坐著一尊站著，不過現今已見不到站著的，僅有坐著的月老公公繼續為信眾牽紅線。祂是尊坐著比人還高的神像，臉紅齒白，笑咪咪的模樣讓人很想親近，祂的右手伸得高高地，持著紅線要把未成對的男女，湊成一對對的圓滿姻緣。

廟方很貼心，在每尊神明的香爐前，做了張小筆記給信眾參考，如果想要求姻緣者，可默念：「月老公公顯神威，紅線牽上有緣人，紅鸞心動佳緣到，擇日喜餅、答謝金專程答謝，奉香祈求叩謝神恩。」如果是有對象者，則可請月老公公保佑感情順利，甜蜜久久。

這裡的信物與其他地方稍有不同，有從月老公右手拿到的紅線，還有兩顆小小鉛球，名為「月老姻緣鉛子」，含意為將兩個緣（「鉛」的台語與「緣」字同音）用紅線串在一起，打結後（表示結好緣）帶回家裝進紅紙袋，放在枕頭下。紅線和鉛球都可在月老供桌上取得，但不可存有玩樂之心，要好好報上年齡、地址、姓名，還要誠

心求月老公賜好緣，早日完婚定姻緣。

　　要想得到好姻緣，可在每天睡覺前，雙手合掌握住紅紙袋，並呼口號「月老公公早賜佳緣」三次，再放回枕頭下，說是能早日找到命中註定的人。

| 自行填上姻緣簿，愛情幸福結佳緣 |

　　對於低調求姻緣很嚮往的話，新屋八路財神廟絕對是最佳選擇，紅線鉛球自己穿，連帶姻緣簿也是自己寫。不論是祈求夫妻婚姻、情侶感情或是單身者求姻緣，只要將需求填上本子，就像是向月老「下訂單」般，便可安心等待訂單被辦理。

　　現場已有三本姻緣簿被信眾填得滿滿的，好奇的我，不顧人們隱私，翻起本子看看裡面寫些什麼，意外看到一名三年九

班的信眾向月老祈求姻緣。這樣看來，不管是不是過了適婚年齡，尚未進入婚姻的人皆渴望有段好的感情關係。

　　網友們對於新屋八路財神廟的月老不太熟悉，沒有相關見證的故事分享，然此地財神的香火鼎盛，可求財兼求姻緣，可說是一舉兩得，而且一切的儀式都低調到不行，難怪沒有網友分享，因為都是些低調的朋友呢！

求姻緣流程：

❶ 點香向月老公公報上自己的姓名、年齡、地址，誠心祈求月公賜好姻緣、牽紅線，早日找到另一半。

❷ 再到月老跟前抽一段紅絲線，將兩顆鉛球串在一起打結（表示結好緣），隨身攜帶，以求緣分。

❸ 還願時，拿訂婚喜餅給工作人員，讓未婚男女分享喜氣。

◆ 建廟時間：西元 2000 年
◆ 開放時間：08：00 ～ 18：30
◆ 地　　址：桃園縣新屋鄉笨港村四鄰埔子頂 30-11 號
◆ 電　　話：03-4766106
◆ 交通方式：
開車｜中山高南下於新屋交流道下，往新屋方向（20 公里左右）開，看到永新加油站左轉，接西濱公路台 15 線，於 57.1 公里處，即達。中山高北上於頭份交流道下，接西濱公路台 15 線，往北走到 57.1 公里處即達。
客運｜於中壢火車站搭乘桃園客運往「後湖」的車，到「榕樹下站」下車。

詢問度　　　　　　訪問度
★★　　　　　　　★☆

PART-5

求異國風情

愛神邱比特的戀愛史

期盼擁有人人稱羨的婚姻，東西方皆然。東方有愛神之稱的「月下老人」，西方則有愛神「邱比特」，雖然西方不興膜拜邱比特，但不少地點皆可見其雕像，營造浪漫氛圍。萬里情月老廟有兩座愛神雕像供信眾拍照留念，而楊梅味全埔心牧場，近年特地建造一座邱比特愛情神殿，供情侶遊玩合影。

羅馬神話有愛神邱比特，印度教中的愛神為伽摩，日本密宗的愛神是愛染明王，雖然這幾尊神在台灣沒有參拜地點，但如果想求異國風情，可參拜位於新北市石門，富基漁港上，石門情人廟裡藏傳佛教的作明佛母，和台北市長春路上的泰國四面佛。

在感受異國神明的威力之前，先來感受一下邱比特的唯美故事。

一日美神維納斯發現，前來膜拜祂的人民愈來愈少，調查之後才知道有位國王的第三個女兒──小公主賽姬，美貌和氣質出眾，被世人認為美麗程度更勝維納斯，於是惹得維納斯心生妒忌，派兒子邱比特去讓賽姬愛上世界上最噁心、最令人厭惡的怪獸。

對邱比特來說，這是小事一樁，祂所射出的箭能讓目標愛上任何人。於是邱比特設計讓賽姬的父母將她遺棄在山頂上，與山頂上一條長有翅膀的醜惡巨蟒同住，維納斯聽聞後感到十分開心。

然而，邱比特其實沒有把賽姬留在山頂，反而偷偷把她帶回自己的仙宮，誰教祂對賽姬一見鍾情。但賽姬是凡人，邱比特不能讓她知道自己的身分，也不能讓她看到自己的樣子，於是與她約法三章，兩人只能在晚上見面，令賽姬不能看清祂的面貌。

某天，賽姬的姐姐們被招待到她所住的仙宮，見到仙宮裝飾得美侖美奐，令她們既羨慕又忌妒，又

聽到賽姬說自己的丈夫不願露出真面目，也不表明身分，於是開始一再慫恿賽姬看清楚丈夫的樣子。

當晚，賽姬趁邱比特熟睡之際，偷偷摸摸地拿著油燈到床邊去看丈夫的臉孔，一照之下發現，自己摯愛的丈夫不是怪物，反倒有張令人驚豔的俊秀臉龐，於是手不禁顫抖起來，讓手上的燈油滴了出來，濺到邱比特肩上，嚴重地燙傷了祂。

邱比特被痛醒之後，對妻子的背信感到失望而悄然離去。賽姬對自己毀約、傷害邱比特並失去祂而感到難過不已，誓言要找回祂，即使要花上一輩子的時間，也要讓祂知道自己有多愛祂。她向諸神祈求協助，卻沒有一位神明敢幫她，因為誰都不想得罪美神維納斯。賽姬絕望之餘，只好去求維納斯。

這時邱比特已回到母親身邊，請求幫祂治療，維納斯見兒子受傷，又看賽姬前來求祂原諒，生氣大罵賽姬，但這無法平息祂的怒火，於是對她開出不可能實現的任務。賽姬聽聞要在天亮之前將混在一塊的小麥、罌粟籽、小米等相似穀物區分開來，雖然感到茫然，但還是毅然決然接下任務，只為了找回她失去的愛。起先賽姬一人努力地分開這些穀物，但隨著時間逼近，竟出現大群螞蟻對她展現同情，幫她把穀物分好。

天亮後維納斯看到她完成任務，更加火冒三丈，於是要她去弄些金羊毛，還有到冥河去取黑水，賽姬一一接下任務，憑藉著對邱比特的愛，盡力試著去完成，因而感動其他神明來協助她完成。

最後，邱比特的傷好了，也很想念賽姬，於是回到賽姬身邊，先溫和地責備她的失信，再向她保證這場愛的尋覓已經結束，然後跑去找天王朱比特（相當於希臘神話的宙斯），請求祂讓賽姬成仙，朱比特欣然同意，並召開眾神大會，讓賽姬成仙，同時宣布邱比特和賽姬正式結為夫妻。

如此一來，連維納斯也很開心，因為祂的兒子有了伴侶，而賽姬從此只能待在天界，再也不能在人間瓜分世人對美神的崇拜。

長春路四面佛

『滿滿四顆星，求各式各樣的疑難雜症。』

| 泰國最靈驗的四面佛 |

從泰國成名的四面佛，源自於印度神祇，是印度教、婆羅門教三主神之一的「梵天」，指的是創造宇宙之神。全世界最有名的四面佛神像座落在泰國曼谷市中心愛侶灣的 Central World 大型商場附近，吸引各國觀光客及當地信眾參拜。由於應驗神蹟不斷，還引發社會事件：2006 年 3 月某天凌晨，一名患有精神疾病的路人喝醉酒，拿鐵鎚將四面佛敲毀，在場的民眾見狀將該名醉漢活活打死，可見四面佛在泰國人心中的地位有多崇高。

台灣第一座對外開放參拜的四面佛，位在台北市長春路上的六福客棧後面，是六福集團創辦人在面臨低潮時，到泰國向四面佛祈

求事業如意，成功後再回泰國請回台灣，剛開始僅開放員工參拜，之後才對外開放，讓信眾前往祈福。

四面佛皆是以金身打造，包括長春路的四面佛，但因長年經過香火洗禮而成了現時的古銅色，不少信眾為了表示尊敬之意，會用金箔一點一點裝飾，試圖回復金身模樣。但四面佛管理處呼籲，不要用金箔貼在四面佛的神像上。

依照廟內的告示，禮敬大梵天王（四面佛），以鮮花水果糕點都可，參拜大梵天王順序，需先淨手點四杜香，第一面祈求事業學業，第二面祈求感情人際，第三面祈求投資理財，第四面祈求身體安康。四面佛的手印與手執法器都有其意義，根據維基百科，令旗代表萬能法力，經書代表智慧，海螺代表賜福，法輪代表消災降魔滅煩惱，權杖代表至上成就、水壺代表解渴有求必應，念珠代表輪迴，手印代表保佑保護。

| 年輕男女占據彈丸之地祈福 |

親眼見證過四面佛還透著金身的我，與祂結緣數十載，剛開始是同學畢業後去做業務，在她跟著業務前輩出去拜訪客戶時，便被告知此處有尊四面神，多拜可保業績長紅，進而她再帶我來參拜。一開始人潮不多，擺放香和點香處在四面佛第三面神像的正對面，後來被搬到外面的洗手台旁邊。不過從以前到現在，前來參拜的人都是年輕男女。

　　信眾對於四面佛是正神或偏廟有著爭論，多數不敢前來參拜，更因聽聞許願未還願會有厄運纏身，不少知道我有來祈願的朋友，紛紛勸我要小心，別亂拜，因為聽說四面佛是介於神和人之間的阿修羅道，有神的法力也有人的情緒，當祂讓人們願望成真，會冀望人們記得當時說明還願的內容。不過我還是拜了四面佛十多年，到現在，排山倒海的年輕男女占據面積窄小的空間許願，真是今非昔比，應該為祂開心才是。

　　每每看到四面佛的四周給鮮花圍繞，總覺得祂與「有求必應」畫上等號，可惜要說我周遭親友是否有感受到天王的靈驗，恐怕要說聲 Sorry，真的沒有呀！我妹有次要面試一間夢寐以求的公司，向四面佛許願，並願以購買千元的鮮花答謝，她滿懷信心面試卻落敗，自此她不太向天王求些什麼，僅帶著平靜的心到此與祂說說話。

　　至於我個人的經驗，都在遇到重大事件才會到四面佛面前許願，總覺得祂一定會幫我實現願望，因期待太深，沒有實現時，記憶也

比較深，所以印象中，向四面佛祈求的失望例子要比成功的例子多
得多，到後來，似乎也像是與老朋友會面，聊聊近來的心事，不再
強求些什麼。

求姻緣流程：

❶ 淨手點四杜香，依序從 1 號到 4 號
祈求並插香，因四面佛各掌管不同
領域，欲求姻緣者需向第二面佛說
出自己所祈求的事情。

❷ 祈文可參考如下：弟子○○○謹以
萬分至誠向天界至尊大梵天王座下
奉獻各種祀品，願天王聖意順遂，
乞望保佑……（陳明欲求保佑的
詳細內容）……如事成功，弟子
○○○願奉獻……（說明奉獻物品）
以表崇敬之心意。

◆ 建廟時間：西元 1984 年
◆ 開放時間：24 小時
◆ 地　　址：台北市松江路與長春路
　　　　　　口，六福客棧後面
◆ 交通方式：
　開車｜松江交流道下，500 公尺至六
　福客棧，往長春路方向步行到第一巷
　口左轉，約 5 分鐘可達。
　公車｜於捷運中山國中站轉乘 214、
　49、5、505 號公車，或是於捷運南
　京復興站轉乘 279 號公車，至六福
　客棧往長春路方向步行至第一巷口左
　轉，約 5 分鐘可達。

詢問度　　　　　訪問度
★★★★　　　　★★★★

石門情人廟

『西藏密宗佛母，掌管愛情、婚姻、
春風貌美等，遠離塵囂靜心感受佛母威力。』

｜藏傳佛教的咕嚕咕咧佛母｜

　　藏傳佛教俗稱「喇嘛教」，屬於大乘佛教的分支，在西藏地區流傳，以佛教宗派來說則為密宗。密宗是結合佛教的大乘佛教和印度教的怛特羅密教，在印度笈多王朝時開始盛行，前期發展出日本的東密和台密二大分支，後期則為藏密。為何稱為密宗呢？因其修行方式非佛經書上的教義或道理，他們重視神通、鬼神、瑜伽，並講求神祕體驗，不對外公開，採師徒一對一祕密傳授，於是蒙上不輕易看清的神祕面紗。加上密宗有許多帶有神祕的儀式和思想，相傳是融合婆羅門教與某些沙門教派，他們重視等級制度，而且引發人們對現狀的改革思維。

　　密宗之所以神祕，除了上述之外，他們的「真言」、「手印」、「觀想」等有著能讓人們「即身成佛」的神力，就是在此生透過修行真言、手印和觀想即能成佛，聽得眾生有人躍躍欲試有人敬而遠之，想像著成佛之路哪能如此容易。就以真言來說，指的是密宗的咒語，它們不易明白，是從古老印度教佛經以梵文流傳下來，密宗相信咒語有其力量，以傳播廣泛的大明咒（嗡嘛呢貝美吽）為例，如將它翻譯為白話文就是「依靠心想要的東西，如蓮花般清淨、自在」，其實也不怎麼神祕，卻為何要保留原始語言呢？因密宗說，「嗡」一字是頭頂內部的聲音，發出此音時能達到頭腦清醒的效果。

　　密宗的「手印」有不少傳說，例如結了手印會發出光，指向他人時會有劍印光芒將人刺傷，實際上，密宗教導信眾，五根手指頭各代表地、水、火、風、空的宇宙真理，左手是眾生五種根性，右手也是佛的五種智慧，將十指交疊融為十法界，將宇宙、佛、眾生放於手印裡，是為了引導眾生進入諸佛祕密心殿，體會諸佛智慧。

利用結手印的動作，提醒自己從修行中得到智慧。

「觀想」是用心看這世界，透過內心與外界交流，不在見山是山的境界，成就走上修改佛道之路。流傳多年的《西藏生死書》由索甲仁波切所著，是本讓人們以實際操作來得到「觀想」益處的書。

密宗有的儀式、修行等與一般佛教不同，所供奉的神像比一般道教與佛教更顯華麗、姿態多變、表情張揚。以藏傳佛教求姻緣的神祇說來，需介紹「咕嚕咕咧佛母」，祂被認為是阿彌陀佛、般若菩薩、多羅菩薩，又名「作明佛母」、「愛情如意佛」，祂是尊淨化眾生貪欲、執著、煩惱的佛。

佛母的由來是很久以前有位叫天生樂的國王，他有位令人尊敬的皇后，但他卻不願意待在她身邊，反而與庶民、姜侍們玩樂。直到皇后受不了，派了名明白她處境的女僕出去，尋找可以挽回國王心的方法。女僕走遍許多城鎮，打聽不出什麼，最後到了一個城鎮，

看到一名全身透著紫紅色的美麗女子，她向前與該名女子討教，有沒有可以挽回丈夫心的方法，美麗女子送給女僕一包食物，告訴她：「給想挽回那人心的人吃。」女僕回去後，將食物交給皇后，告訴她將食物交給國王吃。

可是國王始終不願跟皇后一起用餐，更沒機會將食物給他吃。失望之下，皇后把那包食物丟在皇宮旁的大湖。豈料，國王真的來見皇后，還讓她有了身孕。但國王知道皇后有了身孕之後大怒，查明後才知，那包食物被湖裡的龍王吃了，他化身為國王讓她懷孕。

沒想到國王知道緣由後，差皇后的女僕出去，務必要將那名全身透著紫紅色的美麗女子帶回宮中。美麗女子來到皇宮見國王時，說明祂是佛母，見獵心喜的國王，立即趴在地抓著佛母的腳，請求加持。祂不吝給予，對國王施以《佛母成就法》，於是國王得到了講修兼備的大智。至於皇后後來的結局如何，故事並沒有交待，只能想像她順利產下龍王的小孩與龍王雙宿雙飛，而國王得到佛母加持，變成清明有智慧的一國之王。

有一傳言，清朝乾隆皇帝也修《佛母成就法》，因此懾服人心，受人尊敬。所以普羅大眾修行此法的話，能使人見到就有歡喜心，同時有聚財的效果。此法在於能夠征服異己、增長智慧、強大權力等。

| 指示完整，採開放式、自助式的參拜環境 |

常遊玩北海岸的人應該對石門情人廟的指示牌不陌生，在接近富基漁港和富貴角風景區時，必會看到石門情人廟的招牌。但地點沒有想像中好找，因為小路不少，一不小心就會轉錯彎，而且進入裡面，路越來越小。

我許多年前去過兩次，那時裡面還有人在練團，外面也有人在解說，廟外面貼有多種告示，表示到此廟一定要「參拜」，不能「參觀」，所以進入必定要以參拜的姿態，進行點香、燒金紙等儀式。此地管理員多年前熱情地說明，此處所供奉為西藏的佛母，許多習俗與台灣廟宇有些不同，盼大家來參拜時也一併入境隨俗，例如：

◎兄弟姐妹、夫妻、情侶應各拜各的，因為每個人與佛的緣不同。

◎需用「香」這個媒介與神明溝通，勿空手拜拜。

◎願望有實現，請務必還願。

多年後再訪此地，早上 10 點多，沒有人在廟外的服務區內，整個地方空盪盪，與我同時到此處還有一名男子，還沒到佛廳就怯怯地東張西望，等到我看過左右兩邊的告示，投下香油錢，準備點香入內參拜，他才走進來，跟我一樣從告示牌看起，但最後還是沒進來。

告示牌的資訊相當完整且豐富，有介紹佛母的由來、拜拜的方式、禮佛小常識、媒體報導的截圖、點光明燈、因果業障的說明、第三度空間的存在、過往參拜民眾的照片等。因為看到紅香、紙錢 100 元，請自己投入功德箱內，我就自動自發地投下佰元再點香，不過我沒有取紙錢和寫功果還願書。

| 人緣弓箭和愛情繩索 |

點香後，自己拉起禮佛門進入，在禮佛門後有個告示再次提醒人們，到廟請勿說參觀等。到了裡頭就會感覺自在，因供奉佛母的石頭屋，砌得小巧乾淨明亮，搭配綠意盎然的樹木，猶如另一個世界。

石頭屋裡的供桌上，左右兩邊有土地公土地婆陪祀，前方有尊四面佛，正中間那尊正是咕嚕咕咧佛母，神像周邊似有火焰團團圍繞，手持各式法器，據說是由優曇婆羅花所製成的弓、箭、鉤、索，象徵能夠解除陷於感情的所有困擾。祂的表情有著開心和討厭交雜，開心的是有清淨的能力，討厭的是消除煩惱罪惡的能力。

拜完佛母，再向兩株有百年歷的樹公樹婆參拜完畢，我逛起周

圍的告示板，與多年前相比，多了許多遊客參拜的照片，連日本旅遊書也介紹此地風光。要說到佛母求姻緣的故事，不得不想起媒體報導前高鐵董事長殷琪在自家陽台掛「五色旗」（天馬旗），告示板也有相關的剪報，至於名人殷琪是否在此地學習密宗則不得而知，但石門情人廟早年有可以放天馬旗求姻緣，現在已看不見，倒是有可結緣的戀愛幸運符可求。

| 有所懷疑勿入 |

當我出來時，有對情侶正在門口張望，見我出來，立即轉身開車走人。想著剛才與我一起到的男生也是沒進去參拜，應該都不是考量錢的問題，而是對於陌生廟宇有所顧忌。如果真的有所質疑和不安，就不要進入，選擇自己熟悉和心安方式求姻緣會舒服點。

會不會是因為這個原因，網友沒有放上見證石門情人廟靈驗度的故事，比較常見反而是紀錄漂亮北海岸風景的遊記，順道記錄石門情人廟的點滴。現場展示的照片也是遊客到此玩樂的合影，並非其他月老廟常見的謝卡或婚紗照。

求姻緣流程：

❶ 寫祈願書、取紙錢、點八柱紅香。
❷ 先拜佛母，插 3 柱紅香。
❸ 再拜天公爐，插 3 柱紅香。
❹ 拜老樹公，插 1 柱紅香。
❺ 拜老樹婆，插 1 柱紅香。
❻ 拜完後等 15 分鐘即可化金紙和祈願書。

◆ 建廟時間：西元 1997 年
◆ 開放時間：每天 24 小時開放
◆ 地　址：情人廟位於富基漁港上方 800 公尺
◆ 電　話：02-26380741
◆ 交通方式：
開車｜走淡金公路，往富基漁港方向，見富貴角燈塔指示上山，順著情人廟的指標前行即可。
公車｜於淡水捷運站正對面的公車站牌搭公車，選擇往石門、金山、萬里、基隆等班次之公車，皆能搭乘，並於 石門燈台口（富基漁港）下車，路口即有情人廟指示牌。

詢問度　　　訪問度
★★★　　　★★☆

北投照明淨寺

『許願池的缽口寬大，可許高達六種願望，
是個皆大歡喜的許願池。』

| 四相千手觀音菩薩 |

　　原名「照明宮」，後改為「照明寺」，現為「照明淨寺」。民國
60 年初時，華僑姚照明為了替母親還願而建造了此道場，因有牛郎
織女、卓文君、藺相如的蠟像，被參拜信徒稱為「情人廟」，座落
在軍艦岩前的山坡和威靈頓山莊裡面。

　　威靈頓山莊早期是美軍顧問團的高級宿舍，採美式獨棟住家的
花園建築，形成　整片別墅區。軍艦岩山頭能將台北盆地的石牌、
士林、三重、五股及北投等地盡收眼底，還可遠眺淡水河與基隆河
交會的景觀，有此特殊地理環境，才造就了情人廟流傳多年的名氣。

　　供奉於此的四相千手觀音已有二百多年歷史，是民國 85 年自上海龍華古寺迎請回台灣。當時龍華古寺的住持是照明淨寺長老的戒師，因此贈送古佛結緣，由檜木雕刻，再裝飾金箔，所以全身閃耀金光。

│原有牛郎織女蠟像而有情人廟之稱│

　　這裡的情人廟算是歷史悠久，遠到我從小就聽我爸說他們到此一遊的故事，想當年，我爸帶著我媽騎著那台野狼 125 到這山上的情人廟，參拜牛郎織女蠟像及鳥卵石排成的鵲橋，而且只有七夕才對外開放，要上來一趟是件不容易的事，因此他們記憶深刻，猜想是共度一段甜蜜之旅。不過我爸口述的結尾，是可惜在下我已經出生，帶著這拖油瓶似乎浪漫不太起來，還為了肚子餓的我而趕緊下山去呢！為這事爸爸可是唸了好幾次。說穿了，僅是要向我們宣示，他年輕時也有花心思要浪漫。

　　再上到北投情人廟，把媽媽的記憶拉回 30 年前的那次約會，縱然爸爸已無法再與她一同見識北投情人廟的變遷，有我這個當年的目擊者與她重遊 30 年後的情人廟。誰知道……是歲月真的催人老，還是老媽只沉溺在當時的美麗情懷，路都報錯了，走到北投溫泉區，問了位肩上扛著三根超重超長木條的熱心婆婆，她沒有嫌棄我們在十萬八千里之外問路，熱情地告訴我們該怎麼走，原來是在大同電子那棟大樓旁的路進去。

　　我初次上山覺得指標不怎麼明顯，因為一上親山步道，再進入威靈頓山莊後，有幾個岔路害我們走錯再重新回到路口找尋正確的方向。所幸有位先生發現我們迷路，親切地指引呢！但卻在下山後，發現其實也不怎麼難啦！

　　到了目的地，我媽覺得一切都改變太多，但是細節已然不可考。倒是問到，這裡不是號稱情人廟嗎？怎麼不是侍奉牛郎和織女呢！而是四面觀音在給未婚男女加持呢？媽媽說，這裡原本有牛郎與織

女的壁畫還是什麼看版之類，在介紹祂們的愛情故事而有了「情人廟」之稱，現在似乎是撤掉了。後來查了資料，在民國 79 年易主後，由道場改為佛寺，牛郎與織女的蠟像也跟著撤掉。

| 皆大歡喜許願池 |

到四面千手觀音面前，會先見到此處廟宇的建築呈三角型，這其實是仿泰國廟宇的建築方式，進到大廳前需先將鞋子脫掉，裡頭的牆壁為整片石壁，挖了幾個洞供奉神像。用香向四面觀音菩薩祈求，再插香於中間的香爐即可，寫完祈願信箋可放置於最想求的那面許願箱內。

於求姻緣那面，有香港旅客留下祈願牌位求姻

緣，而這面的祈願箱的信箋相較其他三面，裡面紙張多了不少，果真吸引不少單身男女前來，還是國際級的民眾呢！

當我走到許願池那邊時，遇到兩名年輕的日本女生，向廟方服務人員求助，請他們幫忙叫計程車上來，兩人看起來約 20 出頭，帶個圓頂帽子、打扮時髦，雖不知她們是不是也來求姻緣，卻感到神奇，北投照明寺如此之隱密的景點，已經被許多國際旅客知道並前來造訪。

在偌大的池子前方站著一尊慈眉善目的觀音，池中擺放著五個許願缽，令遊客躍躍欲試，想知道自己的運氣是否能夠求到所盼望的事物，這裡的缽有高達六種：求子、求壽、求光明、求健康、求財運、

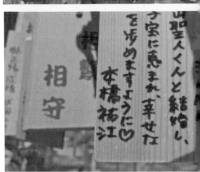

求姻緣。輕鬆擲一枚硬幣到求姻緣的缽，不費吹灰之力就投進，緊接好幾次都順利把錢幣丟進缽裡，仔細研究，缽口寬大，只要靜下心，抓好力度，幾乎都能將手上的硬幣投進，祈福成功。

| 誰先變心誰先埋 |

到了照明淨寺，我自己有另一種體悟，這裡是名符其實的情人廟，因為這裡的風景十分漂亮，下有關渡平台供人欣賞，加上環境相當清幽，很適合情侶到這裡吐露心事，或在觀音菩薩面前許下心願，也可以兩人一起寫下許願牌，再攜手掛上許願亭，掛上許願牌後，切記許願亭旁所寫：神前跪下起個誓，誰先變心誰先埋。

求姻緣流程：

❶ 許願區有觀音殿及許願池兩個區域，先至觀音殿（二樓）購買許願祈福物，包括許願牌、祈福信箋。

❷ 使用黑色油性簽字筆，將許願內容寫在許願牌上，帶到許願亭繫上。

❸ 先將心願書寫在祈福信箋上，有求健康、求光明、求婚姻、求財富四項。

❹ 由左邊入口進入觀音殿，雙手合十向四相千手觀音菩薩祈禱，再將信箋依照想求的方向投入：東（求婚姻）、西（求光明）、南（求健康）、北（求財富），為眾生祈福、為自己祈願，祈福再由右邊出口前往許願池。

❺ 在白衣觀音菩薩像前三頂禮虔誠許願後，取個錢幣依心願將錢幣投入缽內，若沒投進可再投入錢幣許願，「心誠則靈」。

❻ 投入錢幣後，將許願牌繫於許願亭上，讓觀音菩薩天天守護你的心願。

◆ 建廟時間：西元 1961 年
◆ 開放時間：06：00 ～ 17：00
◆ 地　　址：台北市北投區奇岩里崇仰七路 53 號
◆ 電　　話：02-28941362
◆ 交通方式：
開車｜承德路七段右轉公館路，再接崇仰一路，過威靈頓山莊，轉入崇仰七路即達。
捷運｜乘捷運淡水線至唭哩岸站下，沿公館路接崇仰一路往威靈頓山莊，再接崇仰七路，約 30 分路程。

詢問度　　　　　訪問度
★★★★　　　　★★★☆

石門金剛宮四面佛

『不僅可求紅線，還能親身遊天堂地府、拉赦罪祈求鐘、
過七星橋消災解厄，感悟二十四孝故事。』

| 圓明斗姥天尊等於四面佛 |

石門金剛宮是結合四種宗教而創立，主神為泰國四面佛，但卻不同於台北長春路四面佛那緣於泰國曼谷的儀式及傳統，而是道教的「圓明斗姥天尊」，據廟方介紹，其稟一氣玄元之象，應無極生太極，持日月兩輪，應陰陽象兩儀。有著八條手臂對應八卦，四頭身對應東、南、西、北四個面向，分別可賜給人們：福、祿、壽、喜，因而衍生「四面佛」尊稱。

| 富有教育意義的石門金剛宮 |

剛開始被四面佛吸引而來，想看看在面對寬廣海洋的四面佛如

何帶給人們姻緣，一進門被龍門迎貴賓旁的兩尊雕像嚇到，祂們有著一般人的身高，高舉雙手，牙齒外露、眼珠炯炯有神，戴著圓筒尖帽，造型獨特。再走進去，先看到延山而上的長廊，兩旁設有24孝的故事石雕，每組都介紹孝順的故事，算是重溫小時的教科書。

　　一看到主神四面佛，其造型與所認知的四面佛有些差距，此尊臉型呈寬型，身材也較為豐潤。在我參拜的同時，有對頭髮斑白的老夫妻，他們依照廟方人員指示，正在進行求財富的儀式，我好奇看了一下發現，求財富那面的桌上供品比求姻緣的那面多了許多。

　　再走向右邊的樓上，可參拜到千手觀音、玉皇大帝，再到後面會走到天堂、地府，下樓後再到七星橋，走過之後可以將壞運趕走迎來好運。可惜我被此地供奉的月老，還有全台唯一一尊八字娘娘給吸引，沒有走到天堂與地府。如果有帶孩童的父母，想藉宗教教育小孩，石門金剛宮所呈現的雕像，很能達到育教娛樂。

| 八字娘娘殿包管愛情整套 |

月老公被供奉在紅色喜氣的八字娘娘殿裡，神桌上的神明算是包管了人間眾生的所有愛情相關，從牽紅線的「月老星君」，到有對象後祈求增進感情、幫忙溝通的「姻緣星君」，以及談論嫁娶時，祈求婚嫁過程一切順利圓滿的「嫁娶星君」，和結婚後求子的「註生娘娘」、懷孕後祈求生產順利的「臨水夫人」，最後孩子出生則是祈求寶寶有個好命格的「八字娘娘」。

所有愛情過程會遇到的困難，都能在這找到相應的神祇，是座貼心的廟宇呢，如有機會造訪北海岸，可以將任何愛情煩惱向神明祈求。

求姻緣流程：

❶ 先向服務台購買一份敬神金，說明第一次拜月老星君，還可購買 400 元姻緣包，內含蠟燭、鮮花、福袋、祈福卡，師兄姐會協助解說，並附贈一張「天賜良緣駕鴦成雙祈福金章」疏文。

❷ 在疏文格上，確實填妥祈求者之姓名、地址、生辰年月日、所求之事。

❸ 先從主殿的金剛四面佛開始拜，依序拜至「八字娘娘殿」可將所求之事，向「月老星君」一一稟報清楚，並可依個人所需向眾仙佛祈求。「月老紅線」、「月老寶袋」均須向月老星君稟明所求，擲筊有一對聖杯，即可自取。

❹ 將所求之「月老紅線」、「月老寶袋」在香爐上過爐三圈，再置入隨身皮包或皮夾。

◆ 建廟時間：西元 1986 年
◆ 開放時間：07：30 ～ 17：00
◆ 地　　址：新北市石門區富基里崁仔腳41-3 號
◆ 電話：02-26382076-7
◆ 交通方式：
開車｜走北二高下基金（萬里）交流道或循陽金公路越過山區到金山，接 2 號省道往石門方向，經十八王公、石門洞，過老梅國小約 500 公尺，左斜坡上即可到達。
客運｜淡水客運到金山，於新十八王公站下車；基隆客運到淡水，於新十八王公站下車。

満間度
★☆

訪問度
★★

PART-6

求穩定發展

求姻緣為什麼要綁紅線？

男女雙方進入交往階段時，都想與對方穩定發展直到結婚，只是現代人身處於五花八門的環境，充斥著比較、誘惑、考驗、壓力等磨練，所以必須求穩定發展。

台南嬌小的重慶寺裡有一醋醰，專給想挽回變心女性所用，這樣的「攪醋矸」傳統從清朝咸豐年間就有；在高雄霞海城隍廟有雙「城隍夫人鞋」，是用以「查某人疼惜查某人」的信物，庇佑信徒全家美滿幸福；台中廣天宮的月老可賜給人們金、木、水、火、土姻緣，無論是貴人、同性緣、異性緣、夫妻緣全部囊括，可修補各式緣分；台南祀典武廟的月老有「拐杖月老」之稱，善於用拐杖斷事，將爛桃花、孽緣斬開，強化夫妻扶持，因供奉於武廟，出入以男人為主，故對男性有多一分疼愛，更願意傾聽男性心聲。

然而如果是已經進入婚姻裡的男女，鮮少會到神明面前訴苦，或是與廟方人員詢求穩定發展的方法。我在參拜上述幾間廟宇時皆有這樣的傳說和觀察，藉此，希望有緣結為連理的夫妻，如無參拜神明的心靈寄託，也能共同面對婚姻中所遇到的難題，解決難關，順利維持家庭。

穩定發展就是希望一輩子能被紅線綁住不再放開，這條紅線在唐朝小說家李復言所寫的《定婚店》裡，月老用「赤繩子耳！以系夫妻之足」，而在唐朝的現實生活中，還真有用紅線選擇配偶的故事，王仁裕在《開元天寶遺事》中記述了這麼一個〈牽紅絲娶婦〉的故事。

郭元振年輕時很有才華也生得一表人材，於是宰相張嘉貞想納他為女婿。

可是郭元振說：「我知道宰相您有五個女兒，但我都不太認識，這

件事不要輕率做決定，再想想吧。」

宰相張嘉貞說：「我的女兒們各有姿色，也不知哪個適合你，以你這麼有才華，並非一般人呀。我就讓我的五個女兒各拿一條紅線，站在幔簾後面，你牽到我哪個女兒的紅線，就讓你成為她的夫婿。」

郭元振欣然聽從宰相的建議，站在幔簾前方，選了一條紅線，牽出宰相的三女兒，頗有姿色的她，從此她便跟著夫婿的成就飛黃騰達。

這故事出現在唐朝，當時興盛任何事物皆註定，不論是姻緣、事業或際遇，於是流傳了不少姻緣天註定的事情，不過感情之事仍需雙方彼此經營，所以如果有感情上的困難，可求助於能幫助穩定發展的月老廟哦！

台南重慶寺

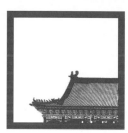

『自清朝咸豐年間流傳至今的「醋矸」，
百年傳統必有其效果所在。』

｜古代已婚女子不可輕易到重慶寺｜

　　台南重慶寺建於清朝康熙 60 年，屬於佛教禪宗，但最初的位置並不在現址，在日治時代被徵收為台南州廳，信徒便將重慶寺移到現址，然二次大戰時被盟軍轟炸波及，戰後再重建。現址的大門隱身巷內，1969 年有一西藏密宗貢噶大師為弘揚密宗，將原祀奉的禪宗釋迦牟尼、文殊菩薩和普賢菩薩改為「大悲勝海紅觀音菩薩」及護法「大威力主馬頭明王菩薩」，還請到「月下老人」和「速報司」等神明，成就了重慶寺現時的佛、道、密三教合一。

　　台南四大月老廟之一的重慶寺，古時已婚女子不輕易參拜，因為從清朝咸豐年間流傳至今的「醋矸」，讓她們聞之色變，萬一她

們不小心給人看到進去重慶寺，必定會被鄰居閒言閒語，猜測那對夫妻出現問題，才會進去攪「醋矸」。以前「醋矸」放在觀音座下，如要挽回感情需將自己的頭髮繞在竹棍上再攪「醋矸」，接著沾點神桌上的燈油塗在另一半的額上就能生效。

| 彌漫醋味的寺廟 |

　　從小巷進入一道極簡的小門，傳聞的鎮寺之寶，飄散出濃濃的醋酸味，讓人馬上知道自己已經來到有著挽回感情法寶「醋矸」的重慶寺。裡頭空間不大，酸味顯得集中且強大，如果厭惡醋的酸味，應該會覺得一刻都待不下去，不過這樣的特色使我談論起重慶寺，似乎又勾回記憶中那股醋味。相較於台南的其他廟宇，它地點隱密，信眾稀稀落落，連待在廟寺的人員也僅派一位十幾歲的

小妹妹，所以沒親眼看到有人在攪「醋矸」。

　　要求穩定發展卻遇到感情磨擦、失和、誤會或是有小三介入，那真的要來攪「醋矸」了，現代的做法變得很簡單，順時鐘轉三圈是求百年好合，逆時鐘轉三圈是求回心轉意，據說這是有百年歷史的肯定效果才會被流傳下來。

　　當然此寺也有供奉月老，想求姻緣也是可以，此尊月老的耳垂很大，是面相學中的福氣之人，加上穿著色彩艷麗的深藍和金色服飾，挺著微突的小腹，猶如古代的員外可照顧好幾個家庭，祂面容有點古意，歪著頭像是在思考世間男女如何配對之事，別具特色。

| 「速報司」隨時準備出任務 |

　　攪醋矸的供桌，有位「速報司」，雖然坐

在椅子上，但仔細一瞧，祂僅坐三分之一椅面，雙腳踩地，右手向前左手向左，正如祂隨時準備出任務為信徒奔走，除了感情，祂還處理學業、事業、工作等問題，只要有任何疑難雜症，這位「速報司」都會以解決民間疾苦為終極目標而盡全力幫忙。

有想請「速報司」或「月老」幫忙的事，又怕祂們貴人多忘事，不如向廟方索取「滿願祈福單」，上面寫明姓名、出生日期、地址和要祈求的事項，放在月老公的神桌上或是速報司的供桌，請祂們隨時查看筆記處理。

重慶寺所在的地點離台南市三大月老有點遠，還在一道小巷弄不太好找，但它的建築物頗有種日式的悠靜感，到此地求姻緣或挽回感情很能沉澱心情，慢慢地訴說自己的故事。

求姻緣流程：

❶ 點 7 柱清香，參拜順序為：法界爐、菩薩、西獄大帝、功德司、虎爺將軍、月老公、臨水夫人、註生娘娘、速報司、護法。

❷ 填寫「滿願祈福單」，將想要的對象條件寫明，壓在月老供桌上。

❸ 擲一聖杯可取紅線和緣粉，隨身攜帶或放包包枕頭皆可。

◆ 建廟時間：西元 1721 年
◆ 開放時間：07：00 ～ 17：00
◆ 地　　址：台南市中正路 5 巷 2 號
◆ 電　　話：06-2232628
◆ 交通方式：
開車｜中山高下新市交流道，走中正北路接中正南路，再走小北路轉西門路，然後左轉中正路即達。
火車｜台南火車站下車，步行 20 ～ 25 分鐘。

詢問度　　　　訪問度
★★☆　　　　★★★

台中廣天宮

『金木水火土，五種不同人的情感與緣分都可求，
　求夫妻和合、貴人或是同性感情，來者不拒。』

| 每月皆有固定信眾朝聖 |

　　挾著眾多明星站台的光環，擁有求財高知名度的台中廣天宮暨
財神開基祖廟，鎮廟之神的財神爺們，共有三尊，分別由兩處進駐
此地。於民國 73 年時，廣天宮前宮主接到神明指示，要在廣天宮現
址建造一處供奉財神的廟宇，迎請北港武德宮財神爺，聖號「爵德
爺」，擔任開基祖。而另一尊北港武德宮財神爺，聖號「代天巡狩」，
在建廟期間擔任監工，卻在完工之際降文向信眾表示，有任務在身，
必須繼續留在台中廣天宮。

　　兩尊財神入住後，民國 97 年再度奉財神爺旨意，派信徒至中國四川省峨嵋山羅浮洞，迎回全世界位階最高、歷史最悠久的財神開基老祖，從此造就此地每月初一、十五都有固定信眾前來補財庫，祈求財源廣進。

| 金木水火土，不同姻緣求法 |

　　廣天宮成立月老殿大約有七年的歷史，網路上的知名度在與財神爺的威名相比之下，光芒盡失。不過因為有金木水火土的獨特姻緣分類，而且口耳相傳到此地求財也能求各式緣分，遂決定參拜此地月老，當我與陳女士彎進巷內找不到停車位時，不久便看到廣天宮的特約停車場，理所當然地停了進去，卻在下車時看到需購買金紙才可抵停車費，這說明了我們必定得求個什麼回家。

　　到了月老殿，旁邊有個像服務櫃台的地方，有位師姐坐在裡面，我們問著要求姻緣，購買的金紙可以抵停車費嗎？師姐回答：「可以抵停車費，求月老的費用 600 元。」價格昂貴得把我給嚇了一跳，

　　但陳女士卻很鎮定地找著錢包準備付錢，後來我還是自己掏錢。但要決定求哪種姻緣呢？師姐熱心地與我們談論，各種姻緣都有其擁護者，尤其是「木姻緣」，擁有人緣與貴人是每個人的必需品。意外的是，已婚夫婦的「金姻緣」很少有人求，可能是進入婚姻以後，不管過好過壞也就得過且過，即使有小三、小王等事，大多也不會想向神明尋求解決之道或心靈寄託。

　　師姐的講解相當詳細，先讓我安靜寫完疏文，再參拜完所有神明，到月老面前訴說疏文上的心願，插香後再繼續說著她所遇到的故事，有位 65 歲的女士常到月老面前求姻緣，可能外界認為她不會

再遇到好男人，但事事難料，她遇到一
位 70 多歲的男人，幫她處理財務問題
也對她體貼呵護，兩人一同經營他們的
黃昏之戀。聽了這故事，似乎讓我再度
燃起無限希望。

| 火姻緣、金姻緣和土姻緣 |

　　求人緣與貴人或未婚男女求異性緣
是信徒常求月老之事，但其實關於再
婚、同性情感和夫妻美滿，也可向月老
祈求，廣天宮特別分出這二類，盼望信
眾遇到相關問題時有個抒發的管道。

　　以「火姻緣」來說，是給再婚男女
來求，服務的師姐遇到不少羞於求火姻
緣的人，但她則認為，既然已與前段姻
緣做了結，表示該還清的債務已清，再
尋求下段幸福姻緣又有何不可呢？

　　而網友高度詢問的「土姻緣」，是
同性之間的情感，可指友誼也可以是男
男戀或女女戀，甚至還有拉拉見證者，
在此求土姻緣也擲杯求到紅線，沒二、
三個月便認識到正在交往的對象。對
此，師姐說她的確見到許多所謂的 GAY
或是拉拉，她認為如以前世今生的概念

求姻緣流程：

❶ 至月老殿櫃台購買姻緣六禮禮盒，包括緣錢、紅線、紅棗、桂圓、玫瑰，以及蠟燭一對、金紙、疏文，費用 600 元。

❷ 填妥疏文，在名字上蓋上手印。

❸ 點 12 支香，參拜廟內共 8 爐。

❹ 留三柱香於月老供桌前，手持香與疏文，將疏文內的文字從頭到尾（包括自己所寫）唸誦一遍。

❺ 將香插回爐上，可將疏文裝回信封內，於信封口上下蓋手印。

❻ 約五分鐘後，將姻緣金和信封一同化於金爐。

來看，人們可能這生是女生，下輩子是男生，該還的情債對象，是男是女是說不定的，所以有同性戀愛也能說得通。

　　雖然求「金姻緣」始終位居末位，正如從清朝時期台南女人不太敢到重慶寺攪「醋矸」，惟恐遭人閒話，然而想要穩定發展感情，心裡如有不舒服的地方，也能與月老聊聊天抒發心情，別認為拜月老只是單身男女的權利，求個籤讓月老給些感情指導，也是不錯的方法。

◆ 建廟時間：西元 1984 年
◆ 開放時間：07：00 ～ 21：00
◆ 地　　址：台中市北屯區遼陽五街 131 號
◆ 電　　話：04-22434146
◆ 交通方式：
開車｜國道一號大雅交流道下，沿中清路直行至文心路左轉，前行至興安路再左轉即可抵達。
客運｜搭乘仁友客運者，出台中火車站後右轉，沿建國路前進大約 350 公尺後，左轉綠川東街即達。搭台中客運於朝馬轉運站下車者，需至統聯客運中港轉運站或台中火車站改搭公車前往。

詢問度　　　　　訪問度
★★☆　　　　　★★

台南祀典武廟

『主神關公是男人常參拜的神明，裡頭位置超隱密、
行事超低調的月老，更能傾聽男人心聲，
拐杖用來斬爛桃花、趕小三，還可全程自助求姻緣。』

｜陽剛正氣「大丈夫」，古代台南男子常走踏之地｜

　　明朝鄭成功嫡長子於台南府城建立四間廟，分別為孔廟、北極
殿、大天后宮、祀典武廟，除北極殿外，其餘三座廟宇皆被清朝皇
帝認可並列為官方廟宇，統一由官署籌備春秋祭典。祀典武廟是國
家第一級古蹟，也是古代台南男子常常參拜地方，主神為關公，在
道教信仰的神格極高，而此地的關公相傳是自大陸福建漳州東山島
銅陵縣關帝廟，隨明寧靖王分靈來台。

　　古代台南男子因為關公正氣凜然的形象而來參拜武聖，於是清
治時期擔任台灣兵備道兼提督學政的楊廷理，提字「大丈夫」匾額
高掛於廟宇裡，「大丈夫」出處於《孟子‧滕文公》的「富貴不能淫，

貧賤不能移，威武不能屈，此之謂大丈夫」。另外關老爺也善於理財，發明「原、收、出、存」四項的簿記法，被祀奉為商業保護神的「財神爺」，使古代擔負家中生計的台南男子，不時到此地祈求保佑。

| 承武聖關公威聖神力，拐杖月老斷事能力高超 |

傳說祀典武廟的月老借著主神關公的威力，處理起自己的業務格外厲害，善於斷事，當斷則斷，手中那支拐杖可斬桃花、打小三等，讓我進到武廟時覺得心情沉重，感覺自己如果有做錯什麼事，就會受到關公的大刀或月老的拐杖處罰。有趣的是，一進到武廟後殿，別有洞天，偏間嬌小隱密，完全沒有殺戮之氣。

進到月老祠，小小空間繚繞著信眾香火，久久不散，可見月老公的高人氣，如果被燻到眼睛睜不開，等煙散一點再進去。此尊月老表情是嚴肅了點，可是環境很清幽，僅祂一尊神像，沒有其他陪祀神明，加上親民的距離，信眾伸手就可拿到月老跟前的紅線，讓人與月老更親近，而不覺得「拐杖月老」有距離感。

「命中該有直須有，命中該無一點無，月老揮動神杖，驅走孽緣，

消除業障，矯正你一團紊亂的感情世界。」網路上有人這麼形容拐杖月老，對於夫妻扶持和想斬爛桃花、求穩定發展的男女，是尊很適合參拜的月老。在月老祠中有許多求姻緣的法寶，但針對驅走孽緣這項，卻沒有特別的方法。你也可以做個「許願瓶」，將自己和對象寫在姻緣錄上，裝進「許願瓶」，再放置於吊勾上。

｜善於傾聽男子心聲｜

古代台南男子常參拜關公，轉進後殿再向月老傾吐心事，造就此廟月老幾百年來累積理解男子感情的經驗。而此處的確適合男子們祈求感情之事，月老祠地處偏僻，沒有很仔細看指示就會忽略它，讓羞於在大庭廣眾卜訴說男歡女愛的男人，有個專屬的地方，好好與月老溝通。這裡也沒有服務人員告知你該怎麼拜月老，所提供的法寶和說明，全部寫在兩旁牆上，求姻緣全都自助式。

在我參拜時，看到不少年輕男子拿香進到月老祠，有的恭敬地跪拜，有的形式地低頭拜了拜，不過待的時間都不久，始終是讓年輕女孩們占據這個小天地。令我不禁聯想著，年輕女孩急著找姻緣，男子們羞於找姻緣，如此下來不就湊不了對了嗎？

| 農曆過年前急件塞爆月老信箱 |

2015 年 2 月民視新聞報導著，武廟月老的信箱被信眾的急件塞滿，單身男女皆有著「有錢沒錢娶個老婆好過年」的觀念，於是著急地寄「急件」給月老。這是廟方增設的普件、急件信箱，便於信眾給月下老人寫信，寫下心事、期許以及心中想要的好姻緣，讓月老公千里姻緣一線牽，沒想到農曆過年前被塞爆，因此上了新聞。

武廟雖然頻頻因拐杖月老上新聞，然而網友們對於參拜武廟月老，並沒有什麼具體的見證故事，也沒有打小三、斷爛桃花的相關事件，似乎缺乏些背書。但就我

個人而言，想求姻緣的信眾應該跑去隔壁的台南大天后宮了，所以網友分享的見證較多；想打小三者，不會想要四處散播家庭的難題，當然也就看不到見證；至於許多感情的心事，都寫信寄給月老了，便不需要在網路上分享。

依我個人的喜好來說，我蠻喜愛武廟的月老，祂住的房子和環境屬於鬧中取靜，待在裡面可以向月老說很多心事，如果想用書信抒發，還能訴諸文字寄信給月老，想寫個許願瓶或想求紅線拿緣粉、紅線、姻緣袋，皆能在這個小空間完成，不假他人之手。至於打小三和斬桃花，魔力應該在於月老公手上的拐杖，不如就寫寫信寄給月老，讓祂用拐杖一敲，讓祈求者的感情穩定發展，不會節外生枝。

盼望台灣單身男子多多到此地求月老牽姻緣，取條紅線帶回緣粉，月老可以配對的名單增多，這樣一來可是單身女孩之福，能夠認識更多對象，找到自己的真命天子。

求姻緣流程：

❶ 求紅線，費用隨喜，只要誠心祈求月老公賜予美滿姻緣，接著取盤中的紅線一條，隨身攜帶即可如願。切記，不可以將紅絲線掛在月老公的拐杖上。

❷ 取願望銅錢牌，費用200元，自行投入功德箱即可。

❸ 衷心感謝月老公恩賜姻緣，配得良緣夫婦同心，存善念、行善事、說善行，即是還願。注意，不可以將紅綢披掛在月老公的肩上。

◆ 建廟時間：西元 1665 年
◆ 開放時間：05：00 ～ 21：00
◆ 地　　址：台南市永福路二段 229 號
◆ 電　　話：06-2202390
◆ 交通方式：
開車│台南仁德交流道下，循 182 道縣往台南市區，經東門圓環，取北門路再左轉民族路直達。
公車│自台南火車站前搭 17 路公車，於赤崁樓下車即達。

詢問度　　　　訪問度
★★★★☆　　★★★★

高雄市霞海城隍廟

『向城隍夫人祈求幸福鞋，保佑婚姻美滿，
有不少家庭主婦見證者。』

| 分靈於台北迪化街霞海城隍廟 |

城隍可謂是城市的守護神，原意是「城牆」、「護城河」，最早出現在周易中，當時只有築土壇，沒有廟宇或是神像，是除夕要祭祀的八個神之一，稱為「水庸」，演變到後來便有城隍爺的神像及寺廟，以死去的名人或有功勞者擔任，守護著此一城池的安全。

城隍爺統管一個類似地方政府的市政，於是底下有文武判官、謝將軍（七爺）、范將軍（八爺）、八將軍、八官司等官員一同服務當地居民，猶如是市政府的民政、文化、警察和衛生局等。而根據任職地點不同、等級不同，有分為都、府、州、省、縣等城隍，因此可見到台灣侍奉城隍的廟宇。不論是省、府、縣等官吏，在新上

任時必先向城隍廟報到，以祈求遇到火災、旱災等天災都能平安度過，又或是有官司問題，祈求城隍庇佑，這使得從古代開始，城隍爺就成為具有司法職能之神祇。

高雄霞海城隍廟由居住高雄的賢人們發起，從台北霞海城隍爺分靈來高雄，供當地信眾參拜，其霞海城隍沿革，請參照台北霞海城隍（見 180 頁）。

| 求助警察仍找不到高雄霞海城隍廟 |

許多年前，聽聞高雄有一處求姻緣很有名的富野路廟宇，就驅車南下探訪，可是外地人的我問了仁武鄉警察：「這裡有沒有富野路？」警察慎重地帶我們到警察局裡面，看了看掛在牆上的仁武鄉地圖，沒找到富野路，但他並沒有就此打發我，反而問了其他同事，沒想到他們開始在地圖上地毯式搜索，還招呼我們坐下喝杯茶，雖然最後他們非常肯定地告知仁武鄉沒有富野路，但我們有種受寵若驚的滋味，從不知穿制服的警察這麼親切。

幾年過後再訪高雄，查到富野路廟宇其實是在鹽埕區而不是仁武，這次找尋相當順利，循著大馬路再轉進幾條小路即可到達。那是一間小地區的小小廟宇，但裡面的服務人員跟多年前遇到的警察一樣熱情親切。

許多網友對於高雄霞海城隍廟也相當陌生，有些人找不到，還有人認為是誤傳，後因為在地人跳出來回覆，告知正確地址，才讓

高雄人多個地方可以求姻緣，不然大家都僅知到高雄武廟而已。有名網友因為到高雄武廟求紅線有不好的經驗，於是轉往高雄霞海城隍廟，被當時服務人員的詳細解釋給感動，之後便常常造訪此地的月老。

| 幸福鞋庇佑夫妻感情和諧 |

分靈自台北霞海隍廟，城隍爺守護城市的靈驗和城隍夫人疼惜女人的神力，一同被移至高雄當地，在城隍廟的隔壁，有一屋專奉城隍夫人，而當中供奉的月老原是由高雄霞海城隍廟自行打造的神像，但由於近十來年的瘋月老風潮，讓此廟再到台北請回月老，造福高雄單身男女，求姻緣、紅線的方式，與台北霞海城隍廟相仿。

城隍夫人的幸福鞋，則受到高雄網友的青睞，已婚婦女流傳著，祈求到幸福鞋，可保佑全家平安，讓夫妻感情和諧。其中一名已婚網友回應，她到高雄霞海城隍廟求幸福鞋，服務人員從頭到尾帶領她走完儀式，令她能順利取得幸福鞋回去，心底感到踏實許多。

見網友們對幸福鞋的討論如此熱烈，可知已婚婦女在婚姻裡仍需個出口，寄託生活上遇到大小事後的煩惱。進入婚姻不全然是天天浪漫，從古至今皆同，會有幸福鞋的出現，依台北霞海城隍廟的說法是，過去大稻埕婦女，常至城隍廟祈求城隍夫人以女人疼惜女人的心保佑家庭和樂，讓家中男人不出入風月場所，而能早點回家，且更疼惜全家大小。自此之後，每當有婦女如願求得家庭美滿，每每都會敬獻神尊的繡花鞋以表內心謝忱。

◆ 建廟時間：西元 1925 年
◆ 開放時間：07：00～21：00
◆ 地　　址：高雄市鹽埕區富野路 81 號
◆ 電　　話：07-533748
◆ 交通方式：
　開車｜中山高下 362 鼎金系統出口交流道，走國道 10 號朝左營，接都會快速公路，走翠華路，經中華一路、中華二路，靠左往西濱公路，再右轉建國三路，左轉建國四路，最後左轉富野路即達。
　公車｜於高雄火車站搭 88 號開往國際商場，於鹽埕分局下車，步行 5 分鐘，即到。
　詢問度　　　　　訪問度
　★☆　　　　　　★★

求姻緣流程：

❶ 購買金紙與香一份（50 元），同時告知服務人員欲求姻緣，再另外購買祭拜月老公的供品，紅線和鉛錢一份 260 元。

❷ 點香後，於廟外的天公爐拜拜，不插香。

❸ 入內，向城隍爺、月老公與諸位神明報上自己的姓名、地址、出生年月日，再說明所求何事。有對象者可說出對方姓名、地址和出生年月日，並請城隍爺和月老公幫忙牽成；無對象者，說出想要的對象條件，請城隍爺和月老公作主，告知如有好姻緣出現的回報方式（例如，獻喜餅一盒等），插上三柱香。

❹ 再至右邊偏殿，向城隍夫人、菩薩、義勇公等，報上自己姓名、地址、出生年月日，請神明們幫忙找到好對象。

❺ 將三柱香一起插在天公爐。

❻ 拿到紅線後，以順時鐘方向過爐，再收到皮包或皮夾裡。

月老成果之愛情故事 II

是巧合還是註定的緣分

　　剛開始她沒有在意拜月老這件事，以前拜神都是與家中長輩一起去的行程，第一次與朋友們約拜神，還是「中國愛神」，同行的友人都很期待也很好奇，正如盼望愛情何時會來一樣。直到她交了男朋友，是多年前學生時期實習就認識的舊同事，她才想起，拜月老時，聽到引導人員告知：「把自己的理想對象條件跟月老說。」她說，她很認真地思索著，什麼才是理想對象的條件。

　　「因為我希望將學校中所學的知識，充分運用在工作中，所以我向月老說著，我希望可以跟未來的另一半做著同樣的事業。至於人家常討論的擇偶條件，像是經濟條件、身高長相什麼的，我一項都沒有想到也沒跟月老說。」

　　她說。

　　「會後悔嗎？」我脫口而出，想著既然月老靈驗，那許個高富帥的男人，不也可以得到嗎！

　　她不在意地搖頭，她回答：「能與另一半有這樣的緣分，我已經很感恩。」

　　某一年大學的暑假，那時她還是個黃毛丫頭，剪了個露耳短髮，只有皮包肉的體格，跑去打一份需要熬夜、跑戶外的工作，不過她不以為意，那是她喜歡的工作，也是她之後打算要賴以維生的工作。

　　當時她和現在的另一半僅僅是在同一家公司，交集不多，他已從事這個行業多年，算是老前輩，而她只是打工的，連算不算這行業的人員都還說不準，說是同事關係也不像。當時他們有留下聯絡方式也有留下合影，可是沒

有共同話題，經過一個暑假打工，結束後便沒再繼續聯絡。

巧合的是，她與另一半住的地方不遠也不近，卻每隔1、2年都會巧遇，兩人僅是禮貌地點頭致意，從未想過兩人會有進一步的發展。

「那時候他身邊有伴侶，我也有。」她回憶道。

「這也人巧了，你們一絲絲也沒考慮過對方嗎？」我問。

「沒有，完全沒有。我們各自的伴侶也都跟對方不像，從沒想過。再說，認識當時，他是我的前輩，我不過是個實習生，身分和階級感覺拉得很遠，我連想也不敢想，他則覺得我的年紀很小。」她說。

之後她到國外求學，回國待業中，與朋友一起到當代美術館看個展覽，意外地再遇到他。起初她以為自己看錯人，再與朋友聊起這位前輩並暗中觀察他，確認是那位前輩，她拉著朋友跟她一起向前輩打招呼。

他很熱絡地與她閒話家常，更驚訝兩人的巧遇緣分，又聽到她剛從國外回來就遇到，好像是他們約好1、2年必須相見一樣。除了巧遇的話題，他們共同參觀的展覽，也讓兩人自然而然地增加話題。

「他跟我要了聯絡方式，常在電話中討論我們要做的事業，後來就在一起。說來也是個巧字，我剛結束一段國外求學戀情，他身邊也沒人，一切都配合得剛剛好。」她甜蜜地說。

「這不就是天下單身男女向月老渴求的緣分嗎？太幸福了。」我羨慕著。

「我很感恩有這麼一個人和這麼一段戀情。」她說。

「會覺得是月老有出力幫忙妳嗎？」我問。

「嗯，我相信神明的力量是有的，不論是月老或是其他的神明。但有一點我想強調的是，因為我持續走在求學生涯的領域裡，所以遇到學生時期打工的前輩，兩人為相同的目標努力，才會有這樣的緣分。正好跟當時拜月老時，所祈求的事情相像。是因為我有那樣的想法讓月老幫了我，還是月老聽了我的話給我這麼樣的一個人，我就說不準了……呵呵。」她回答。

她跟他算是愛情長跑，暫不計算兩人從認識到成為男女朋友超過五年，兩人交往到結婚也已過了五年。他們的婚禮省略了台灣傳統禮俗的迎娶細節，是與一群志同道合的伙伴一起度過一個美好的祝福夜晚。

PART-7

求專業顧問

「偷挽蔥，嫁好尪」的故事

台灣的月老崇拜和信仰，有一說法是從西元 2000 年開始成為風潮，這點由各個廟宇陸續興建月老殿、月老祠、月老廟以及祀奉月老可見一番。原本是隱學的拜月老文化，本來只在朋友間紛相走告或長輩間口耳相傳，後因風氣漸開由暗轉明，成為單身男女們祈求姻緣的必訪行程，網路上更有無數激勵人心的見證故事。

然而感情問題不光是找不到對象或是求個能進入婚姻即可，在追求自由戀愛的時代，講求獨立自主，不因婚姻而放棄自我實現、降低生活品質的現在，增加了許多愛情課題，於是專業愛情顧問順應而生。參拜的神明不單是月老，還有和合二仙、桃花仙子、嫁娶使者、氤氳使者、增緣師祖、斷緣師祖、速報司、大婚公等，各式不同解決情感問題的神明皆被人們請了出來，讓有情感困惑的信眾感到更加迷惑。

這裡的「求專業顧問」，裡頭記錄的月老廟摒除了一些規模較小、服務人員不願回答問題或是一些私設的道壇，盡量以大眾可以自由自在參拜為主，避免為情所困的男女，陷入有心人士假借神明名義而隨意取財的情況。不過有些廟宇的行為讓網友感到不愉快，我也把實際參訪經驗完整記錄下來。

台北的松山霞海城隍廟是全台灣第一間由道士全程協助信眾求姻緣的正規廟宇；想知道統整從北到南那麼多月老公的所在地在哪嗎？答案是「北港」，不是朝天宮，是雲林月老寶殿，這裡是全國月老公姻緣促成總會的所在地；南投集集除了坐小火車，還能騎車到集緣宮參拜月老增加人緣；台中則有慈德姻緣堂，每個禮拜六下午可幫信眾解決疑難雜症，可上網站將問題提報再現場詢問；台南鹿耳門還有一間充滿故事的天后宮，當中有一群「月老姻緣木蘭志工隊」，他們免費協助男女求得紅線，更樂意當感情問題

的資源回收筒，聽著各式遭遇的感情難題再試著提出解決之道，接著再將感情難題分享給其他男女，告訴他們感情路上有坎坷卻不孤單。

網友們有著五花八門的感情問題要詢問著月老，在此仍需重申，借重神明力量尋求心靈寄託，切勿沉迷或是聽信偏方花錢去修復感情，兩人世界外界無法介入評斷，唯有自己與另一半溝通、協調，一起經營維持才是正解。

前面提到台灣拜月老的風氣是近年才興盛，那麼在古代要求得好姻緣該如何祈求呢？在傳統社會裡有個在元宵夜摘蔥的習俗。

民間流傳著，未婚女子在農曆正月十五元宵節這天晚上，偷偷到田裡摘蔥或菜，會嫁到好丈夫，就如同俗話所說：「偷挽蔥，嫁好尪」、「偷挽菜，嫁好婿」，取於蔥與「尪」（台語的丈夫之意）的諧音。於是為了得到一段美好的姻緣，台灣古代女子是真的會在元宵夜去偷拔蔥的，身體力行。

據說這個習俗一直延續到日治末期，可是在日本殖民台灣末期，即是二次大戰的尾聲，戰爭期間物資十分缺乏，讓這個習俗變了調。原先是象徵地拔一、兩株蔥、菜的單身女子，因沒得吃，所以到了元宵節，便跑到田地見到青色菜葉的植物就拔，令農夫們不勝其擾，甚至引起農家們的抗爭。之後這個習俗便逐漸消失。

習俗消失，有另一個說法是來自日本人研究的資料中，在日本殖民末期宣傳著，單身女子在元宵夜拔的蔥、菜不能拿回家，必須放回原處，如果拿回家就沒有「偷挽蔥、嫁好尪」的效果，所以單身女子拔了蔥、菜不能拿回家，更無法止餓，就沒有去偷蔥和菜的動力，習俗便漸漸沒有延續下去。

不知這是為了避免農家抗議，日本人散布的謠言，還是真的不能拿回家，總之習俗已沒有人在做，空留下俗語供人參考。

現在則是豐衣足食的世代，不需靠著偷拔蔥、菜過活，更因有各式信仰給人們信心求得好姻緣，所以不用辛苦下田地拔蔥。

松山霞海城隍廟

『全台唯一由道士施法求姻緣的正規廟宇。』

| 融合現代與傳統的建築組合 |

　　松山霞海城隍廟，興建於清道光年間（西元 1820 年），迄今已有 189 年的歷史。位於交通繁忙的八德路與市民大道附近，夾在兩棟大樓間的城隍廟，讓我首次拜訪時，儘管從它面前經過，也完全沒有發現它的存在，這樣融合現代與傳統的建築組合，就好像是被哈利波特魔法隱形的房屋一樣。走近一看，實在無法想像一間頗負盛名的廟宇，竟會隱身在一片現代大樓建築當中。

| 月老的輝煌戰績 |

　　松山霞海城隍廟因陸續增設五路財神殿、月下老人殿，而漸漸成為廟方熱門的招牌服務。於正殿旁一獨立空間供奉月老星君，可

以看見桌上有許多信眾的供品，正在參訪時，見一名眉頭深鎖的女孩，擲筊求籤，默默完成儀式並仔細研究起手上的籤詩，從表情看不出她的困擾是否透過詢問月老而解決了。

廟方提供兩種祭拜月老的方案，若想自行參拜，可以購買月老喜糖組合，焚香向月老祈求，並和合金焚化後，將紅線穿過兩枚緣錢，隨身攜帶；而玫瑰花以及冰糖則帶回家煮成糖水喝下，即可獲得月老保祐。

這尊月老是全台灣難得一見嘴角笑得很開的月老星君，那張有活力的面容，令人覺得祂像極了社區內的里長伯，拜託祂任何事，絕對義不容辭地前往辦好。再搭配那支比祂還高的拐杖，助祂路走得更快，牽線的速度與祂老人家的年紀成反比。

| 求姻緣法事可加強月老神力助姻緣 |

若擔心對於祭拜習俗不甚了解，也可以選擇由道士上疏义稟告月老，帶領你完成祭拜儀式。據廟方表示，霞海城隍廟是全台唯

一由道士施法求姻緣的月老廟，所需時間大約 20 分鐘，收費 1,000 元。法事中會將紅蠟燭留在月老殿上，為求姻緣者點亮姻緣路，再將鴛鴦雞帶回，擺在床頭，據說可以加強月老神力。

廟裡有義工阿姨在一樓大廳摺著紙元寶，熱心地分享多位祈求姻緣成功的案例，說有個女孩祭拜後，就與海外歸國的多金男子交往，又講另一個女孩嫁入小開豪門內，帶了燒酒雞回來還願等，似乎在大大鼓勵著我，進行完求緣法事後，美好的姻緣就在前頭等著我。但是，擁有這些三高條件的單身對象畢竟是少數，我還是不敢抱太大期望啦！

網友們討論著松山霞海城隍廟的月老，幾乎是

伴隨著台北霞海城隍廟一起，現身說法的靈驗故事暫無網友分享，不過廟方強調他們的月老是隨到隨辦事，說明著，只要信眾願意出門求求姻緣，月老肯定立馬起身辦事，這也讓他們統計每年促成的佳偶達到百對呢，牆上還掛有歌手劉若英參拜此地月老的照片，增添月老光彩。

求姻緣流程：

❶ 購買月老喜糖組合，費用為 600 元。包含兩枚緣錢、紅線一條、玫瑰花、一顆糖果、一小包冰糖與和合金。自行焚香向月老祈求，和合金焚化後，將紅線穿過兩枚緣錢，隨身攜帶；而玫瑰花和冰糖帶回家煮成糖水喝下，即可獲得月老保佑。

❷ 姻緣燈每盞 1,000 元，廟方將於初一、十五誦經。

❸ 求姻緣法事所需時間約為 20 分鐘，包含祭祀所需法理，共 1,000 元。祭品包括一對包裝精緻的紅蠟燭、鴛鴦雞、和合金、裝在心型盒中穿著兩枚緣錢的紅線、紅白線及和合符。祭拜後需將紅蠟燭留在月老殿上，為求姻緣者點亮姻緣路，另外可將鴛鴦雞擺在床頭，據說可以加強月老神力。求姻緣法事每日辦理時間為上午 9 點至下午 7 點，但農曆初一、十五以及第三個禮拜的週日，因舉辦法會，所以較不宜前往。

❹ 祭拜月老後，若順利訂婚，可攜帶訂婚喜餅前往還願。

◆ 建廟時間：西元 1820 年
◆ 開放時間：06：30 ～ 22：00
◆ 地　　址：台北市八德路四段 439 號
◆ 電　　話：02-27650046
◆ 交通方式：
　公車｜從台北車站搭 203、205、276、28、311（永福）、605、605（副）、605（新台五線）、629（直達車）、藍 7 公車到「饒河街口」站下車。
　火車｜由松山火車站步行至八德路，約 10 分鐘可抵達。

　詢問度　　　　　訪問度
　★★　　　　　　★★

145

雲林北港開基月老寶殿

『獨特求正緣科儀，全國月老公姻緣促成總會所在地。』

｜獨特求正緣科儀｜

　　民國 90 年（西元 2001）農曆 5 月 21 日，雲林北港一處於家宅中供奉神明的許命智先生，受到月老先師的感召，與一群志同道合的信眾創立了「月老姻緣館」。因香火旺盛，隔年農曆 2 月 16 日，奉玉旨將姻緣館陞殿為北港開基月老寶殿，每個星期六組成委員會在該殿服務信眾、解決感情的疑難雜症。

　　此殿的鎮殿之寶有大陸流傳千年的靈籤和百年龍緣木，非常靈驗，還有研習道家科儀多年的主委，以獨門方法協助單身男女求正緣，有需要可以詢問現場服務人員。如欲自行祈福，無論是未婚、已婚、感情不順、盼望求子，皆可依照指示上香、擲筊。視個人需求，

未婚、再婚、無對象者，可向月老公擲一聖杯，求取紅線一條，隨身帶著；未婚、已婚、感情婚姻不順利者，取緣子一對、符令一張，放在枕頭內下方；依別處宮壇仙佛神聖指示來求取者，取香腳三支、香灰三匙。你也可以向送子觀音菩薩求一個聖杯，求取黑棋子與白棋子各一顆合成一對祈子，放於床中央。

│全台灣月老公皆在此聚集開會│

北港月老寶殿在中華道教體系下，設立「月老公姻緣促成總會」，原先取名為「中國月老公姻緣促成總會」，但有報導指出，此會名遭民眾質疑，設立於台灣，前來參拜也都是台灣人，為什麼取名為「中國」呢？廟方人員向月老公擲筊詢問是否去中國化改為「全國」，得到祂老人家的允許，現為「全國月老公姻緣促成總會」，之所以沒有從「中國」改為「台灣」，是避免涉入敏感的政治議題。

初次得知台灣有個月老公姻緣促成總會，令我心生嚮往，想像著全台灣的月老都會來到這裡集合開會似的，只是全部的月老似乎都是同一個人，不知這個姻緣促成總會是怎麼運作的，是不是祂老人家從南北聽取期盼有段美好姻緣的男女願望，將各個條件輸入資料庫，經過月老公統計、交叉比對，再參照姻緣簿來慎重地配對呢？

總部隱身在一排住家的一樓，高掛燈籠歡迎所有來參拜的信徒。

當我們走近時，有兩位中年男子向我們熱情招呼，說可以拿香參拜月老公。於是我們拿起一旁的香點燃，帶著誠意向此處月老公公說著：「從網路知道這裡，所以過來參觀一下。」並沒有在該殿祈求姻緣、人緣。

插上香時發現，這裡有個驚喜，有個筊在桌腳下浮立起來。服務人員見我們感到好奇，指了指桌上的剪報，上頭的標題為：「奇！浮筊黏在桌裙。」內文是說有名黃姓民眾有感情困擾，從台南北上雲林詢問月老公的意見，他抽了張籤寫著「忘足，履之適也；妄腰，帶之適也。」月老公示意他應跟 10 年前的女友復合（兩人育有一名女兒）。可是黃姓民眾則想跟 2 年前的女友復合，再擲筊詢問月老公的意思，竟出現「浮筊」。

該殿主委表示，寺廟偶爾會出現立筊情形，但黏在桌裙上並不多見，可能想讓黃姓民眾不要違背天命。

│ 月老先師的姻緣、婚姻聖籤 │

各式感情問題，透過擲筊、求籤是直接快速獲得解答的方式，而台灣各地月老廟的聖籤內容，幾乎都是一樣的。北港月老寶殿中，有詳細指示如何求取籤詩：抽籤要先點香向月老稟明想知道什麼事，一次僅能以一項事情為準，要先向月老求一個聖杯答允，抽取籤詩要向月老唱明是第幾道，求連續三個聖杯答允。

如有較困難的感情習題無法解，可在星期六來

訪，填寫問事單，廟方會有專業人員提供問事服務，幫忙解答及處理，費用是隨喜，依自己的能力投錢。

　　雲林月老寶殿為了服務沒對象的單身男女，提供免費相親服務，可以填寫基本資料給該殿工作人員，有適合對象將會幫忙安排，是間致力於湊合姻緣的寶殿。

求姻緣流程：

❶ 點四柱香，呼請三清道祖、送子觀音菩薩、月老先師、月老公、月老婆，向月老報上姓名、地址，祈求讓自己找到（說明想要的條件）對象。三支香插下桌中間大爐，一支香插上桌右方小爐。

❷ 插香後求得聖筊，可得紅線一條。

❸ 還願訂婚時拿喜餅給工作人員，讓未婚男女分享喜氣。

❹ 欲安排相親者，雲林月老寶殿提供免費登記相親的服務，可至廟方服務台登記，或以電話登記。

◆ 建廟時間：西元 2001 年
◆ 開放時間：07：00 ～ 18：00
◆ 地　　址：雲林縣北港鎮民治路 74 號
◆ 電　　話：05-7830507
◆ 交通方式：

開車｜國道一號，由大林交流道下，循 162、157 縣道至新港，右轉 164 縣道過北港大橋接義民路，左轉大同路，遇民樂路叉路進去 第一個路口為民治路。

客運｜搭乘往北港方向的班車至北港即可到達北港朝天宮，再步行至月老寶殿，往回走至大同路，遇民樂路叉路進去，第一個路口為民治路。

詢問度　　　　　訪問度
★★☆　　　　　★★

台中慈德慈惠堂

『走訪月老愛情遊樂園，過愛情橋，
鎖住愛情等寶物加速緣分快來。』

| 免費為信眾解惑釋疑 |

民國 72 年，創辦人在自家透天民宅開辦濟世，為前來的困惑信眾解決難題，從未收取費用，讓得到神明庇佑與幫助的信眾，向親友們宣傳，在一傳十、十傳百的耳語宣傳下，創辦人認為應該造福更多人們，於是 2 年內在含自家民宅的 500 坪土地上，建立起高達五層樓的慈德慈惠堂。

主神為關聖帝君、瑤池金母、濟公，五層樓含蓋書香房、香客宿舍、空中花園、藏經閣、登仙橋、神仙居等，建築物最頂層有尊外觀金身的濟公神像，聳立上方，拿著酒葫蘆，似乎笑看人世間的一切，又隨時要出手救濟世人。

　　屬於道教的慈惠堂，創辦人懷抱遠大理想，建立慈惠堂外還向多元化發展，創辦宗教時報，又成立「濟公活佛慈善基金會」，實踐人飢己飢、人溺己溺的精神，試圖成為集宗教、文化、教育、慈善、濟世等多功能的現代廟宇。然而此堂的道教色彩深厚，從濟公問事、侍奉嬰靈、道場感應起乩等都能感受得到。

│求愛道具吸睛，令中外單身男女印象深刻│

　　走近鄰近台灣大道的慈惠堂，你會訝異在大樓林立的巷弄內，竟有高達五層樓的道教廟宇，而且門口一對月老公月老婆的 Q 版大型玩偶就站在樓梯上，笑吟吟地迎接信眾，讓人頓時童心漸起，抱著愉悅的心情，覺得求姻緣已跟年紀無關。再爬上樓梯，發現左右兩邊各有一個美滿月老花轎和幸福南瓜馬車，製作精緻，成年人般的比例，讓信眾可以坐進去，就像真的坐在花轎裡被迎娶一樣，難怪 2013 年 2 月的西洋情人節前夕，《蘋果日報》特地報導，因緊鄰國際級飯店，常吸引外籍單身遊客慕月老之名而來，廟方特地打造中

西合璧的「南瓜馬車」、「中式花轎」，供單身信眾預習婚禮儀式，帶回月老公的神力，早日實現結婚願望。

原以為像座月老樂園的月老殿，會在五層樓的其中一層，但我從最上層的濟公金身神像，一直走到登仙橋，還是看不到月老殿在哪裡，只好再到第一層詢問櫃台人員，這才發現就在右手邊進去，一個入口窄小的空間。

沒想到穿過入口，猶如進到別有洞天的新天地。兩邊綠意盎然的大樹包覆整個天空，而月下老人、註生娘娘、送子觀音、衛房聖母皆於石洞裡供奉，再往裡面走，聽到流水聲，尋著水聲找去，是一片池子伴隨一座情人橋，橋的兩旁掛了些鎖。越過情人橋，可見一個正緣亭，侍奉氤氳使者專打小三。裡頭還有雙人座吊椅。果真呼應迎賓的Q版月老，整間月老殿布置得像是愛情樂園一樣。

回到月老殿，看到面對月老的牆上，貼滿還願的賀卡，顯現月

老的辦事能力高超，還有些照片已經斑駁，應是歷史久遠，更有新
聞報導，在情人節辦的活動和信眾結伴拜月老求姻緣，都可以加強
單身男女的信心，所以不要輕易放棄找到自己的幸福。

｜真的有氤氳使者存在？｜

供奉於石牆內的月老採坐姿，另一尊站著的月老則在供桌上，
有個大木牌標示著「月老」。不知是否受到「站著的月老比較有行動
力會辦事」的說法影響，所以一次請來坐著和站著的月老為單身男
女辦事呢？廟方人員也不太確定。只是站的月老形象與裝扮頗有「孔
老夫子」的智者形象，差別在於月老智者拿的書籍是「姻緣簿」，
不過看來會是用著智慧牽人姻緣的神明。另一尊坐著的月老，眼睛
瞇成一直線，是個笑臉迎人，散發出跌進愛情裡的開心樣子，感染
著單身男女用笑容吸引好姻緣到來。

　　牆上還註明要單身男女向月老求完姻緣後，別忘了到「正緣亭」向「氤氳使者」祈求趕走惡緣，免得阻擾正緣降臨。該名使者的模樣在神明界很少見，身穿警察制服，臉上一邊黑色一邊白色，手持類似警棍的棒狀物，另一隻手抓著猴子，擺明祂是尊善於「抓小三」的使者。雖然有新聞報導質疑氤氳使者的存在，也猜測氤氳使者會抓小三也會幫小三的說法，因為有可能已成為夫妻的兩人不是真心相愛，所以趕走原配扶正小三，誰教這位氤氳使者是位捍衛真愛的正義使者，在台北芝山岩的惠濟宮也有記載著「氤氳使者」。

　　據說供奉於慈惠堂的氤氳使者是由一對夫妻請人雕刻而成，再輾轉送到此地，為了要幫世間男女斬爛桃花、趕走小三。典故如何雖無法追究，但如有遇到難解的三角愛情習題，姑且信之，到氤氳使者面前訴苦一番，請祂降福保佑愛情長長久久。

| 既是姻緣天註定又何必急著求月老？ |

　　網友們對於慈惠堂姻緣殿的見證並不多，甚至當地有些居民也不知在繁華要道上的巷弄內有一處求姻緣的地方，但廟方對於求姻緣一事很有心在經營，除了定期辦聯誼活動，設置許多類似遊樂園般的法寶，更在網路上設置問事專頁，如有感情上的問題，可先上網寫下，再於星期六下午4點到廟方，親自解決難題。

　　有一網友曾與該堂創辦人交談，聊著既然姻緣是天註定，又何必急著求月老牽紅線呢？創辦人回答：「求了月老會給桃花運，可能會提前遇到不是正緣的對象，那就去感受這些非正緣的交往過程，可能會遇到相處起來不是那麼愉快，也可能剛開始甜蜜，後來不了了之，但這些都是必經過程，這就是因果輪迴的關係，正因這麼些

不是正緣的人教了你愛情的真諦，之後才會讓你遇見對的人。」這個說法讓這名網友相信了月老神力之所在。

2009 年 2 月的《聯合報》報導，有對情侶在不同時期參拜月老，後來成為男女朋友，在結婚之際，拿著喜糖和喜餅到此地感謝月老牽紅線。一名是從事保險業的女生，苦尋不到男朋友，就聽從客戶推薦到慈惠堂月老殿求姻緣，不久，經同一名客戶牽線，認識客戶軍中的同袍，兩人同是業務員，性格外向也喜歡出遊，立即陷入熱戀。之後兩人在聊天中得知，皆有到同間廟宇求過姻緣袋。

如果想以活潑的方式求姻緣，可考慮到這裡輕鬆遊玩與月老說說話，或是與廟裡的工作人員問問事，相信在愛情裡的困惑會迎刃而解。

求姻緣流程：

❶ 準備鮮花一束、糖果一包，水果三種（有甜為佳）、月下老人金紙一份（費用隨喜），可選購蓮花。

❷ 點九柱香，於堂內三個香爐參拜。

❸ 至月老殿稟明姓名、生辰、現居住地，再向月老告知想求的事項。

❹ 有對象者可告知對方的姓名、生辰、地址，求一聖杯，到櫃台取一對姻緣袋及姻緣品（費用洽櫃台），其一個姻緣袋給對方。姻緣品包含月老公仔一對、情人鎖、愛情鎖。

❺ 無對象者，將希望的未來條件寫在紙條上，放進其中一個姻緣袋掛在月老殿上的姻緣樹上。

❻ 請求月老早賜允良緣，再將所求的姻緣袋及姻緣品過香火求月老加持。

❼ 帶著姻緣袋及姻緣品過情人橋。

❽ 如有成功可帶喜糖與月老分享。

◆ 建廟時間：西元 1983 年
◆ 開放時間：07：00 ～ 21：00
◆ 地　　址：台中市西屯區大墩十九街 82 號
◆ 電　　話：04-23251734
◆ 交通方式：
開車｜國道一號，由台中交流道下，循台 12 線前往大墩十九街。
公車｜於台中火車站搭公車至頂何厝站下車，步行約 500 公尺至大墩十九街即到。

詢問度　　　訪問度
★★☆　　　★★

南投集集集緣宮

『尋求道教儀式解決單身找伴、
夫妻和諧、增進人緣的多樣方法。』

｜萬里追和、千里撮合的神聖使命｜

居住於南投的陳人獎弟子在家供奉五府千歲多年，一年，感應到家中神明指示，需雕刻月老星君金尊供奉，於是「集緣宮」在民國 82 年開宮，幫助人間男女的姻緣撮合和追合。在集緣宮代言人江老師的主持下，舉凡人緣、事業、則運、良姻緣等皆是此處的服務範圍。30 幾年來，集緣宮情人廟在清境的田園邊過著與世無爭的生活，提供青年男女們求姻緣的好去處，透過月老君的庇佑而早日終成眷屬。

其實這座廟並非一開始就如現在所看到的宏偉氣派，它原先一座土屋似的小廟，稱「情人廟」（集緣宮前身），後來創辦人觀察到現代男女為情所困，發願要為民眾服務，加上南投集集村民所添香油錢，才共同建造這座主祀為月老君的集緣宮。

從集集市區走出至寬敞的產業道路，月下老人的指示牌隨即映入眼廉，如果用地址搜尋還不見得找得到此世外桃源，因為它座落於一大片的田園裡。只要遵照牌子到了月老巷，就可看到一座氣勢非凡的廟宇，抬頭一看，「月老仙師」四個大字扁額設於建築物的中間處。

許多騎著腳踏車的年輕男女悠閒騎到此處，見到正對廟宇遠方前頭有一座池子，紛紛下車到此觀賞，嘴裡唸著池外石頭上寫的字：「海上生明月，天涯共此時，情人怨遙夜，竟夕起相思。」「若非群

玉山頭見，會向瑤臺月下逢」偶爾聲音頓了頓，像是在思索著愛情是何物。

接著其中一名年輕女孩吆喝了池中供奉的月老公公，將銅板丟向前方的鐵碗，數著自己響了幾聲，連續三聲後，第四聲沒響她就放棄，並唸著：「三聲緣兵造緣起。」另一同行友人發願要連響五聲，可惜到第二次後就投不響，一群人嘻鬧著彼此的單身歷程。

| 紅線自行取，勿拉太長讓姻緣來遲 |

來到廟宇裡頭，工作人員向前熱情地招呼，一開口便問：「要100元金紙還是300元的金紙朝拜月老，這有助於增進人緣，有了人緣錢財也來了！」語氣中有種非買不可的意味。索性買了份300

元金紙，也是為廟方添個香油錢維持此聖地，造福更多人。照工作人員引導在金紙上寫上姓名、地址等資料，再蓋上自己的手印，依序拜了一輪，再仔細尋找月老公的神像，結果差一點與另一尊神明搞混，後來一見手上握著紅線、姻緣簿就認出來了，祂是尊被香火燻得亮黑的和藹老人家，但因廟宇供奉許多神明，還有促進夫妻關係和好的和合二仙，或是增加人緣的增緣祖師，更有橫財神、武財神、文財神等，還有供奉註生娘娘，讓找到另一半的人，可以祈求註生娘娘賜卜子女。

參拜期間看到有人正在向創辦師姐詢問事情，還剪了頭髮等，這些應該都算道教儀式，也比較是私人修行的作法。

300 元的金紙十分有份量，一個人折紙加燒的時間約 10 分鐘，不常自行購買金紙的人應會發現裡頭有各種不同樣式和功能，每次翻開一疊就有一個大驚喜。看到紙錢在金爐化為灰燼也像是人們對神明奉上一些心意，懇請祂們能多關照我們一下，凡事順利即可。

回到廟裡，詢問起這裡如何求紅線呢？工作人員熱忱地解說，需擲筊請示，如有聖杯即可到神桌前自取紅線，工作人員打趣地說：「但可別太興奮能拿紅線就一直拉著紅線不肯剪斷，這樣月老需循著長長的紅線才能幫你牽線，到時可別怪月老不夠認真，沒有馬上把人送到你面前哦！」這裡還建議求姻緣的單身男女，點上姻緣燈，一年 1,000 元，同時會附贈符咒和香包，讓信眾與紅線放在一起隨身攜帶。

| 求姻緣添香油錢建廟，備受爭議 |

造訪集緣宮前，網路上的詢問指數居高不下，但造訪率卻不高，

原因在於負面評價高過於正面，甚至還在當地集集警察局備案，也有不少認為有爭議的民眾在參拜集緣宮後，上集集區公所網站留言，舉報廟方斂財。警方實地走訪查明，民眾所說的事情屬於習俗，參拜人可依個人需求，選擇是否遵照廟方指示捐款，同時警方也勸說廟方，多鼓勵信眾樂捐，勿強求，或是將待建廟的捐款部分與儀式所需費用，明確列明於牆上，讓信眾斟酌支付。

網友曾遇到廟方要求信眾在求紅線擲筊時，需明確向月老公說明，事成後要包 3,600、6,600、12,000 紅包以答謝，因該名網友一直擲不到聖杯，於是一旁的廟方人員向他說，事成的紅包數字需再往上加才可拿到紅線。甚至在求到紅線後，還鼓吹信眾點七世姻緣燈，一次費用 400 到 500 元，總共要有七次的過程，並要在七七四十九天內完成。

聽來很令人怯步，對照起它所在的風光明媚及純樸的集集小鎮。令我到訪前的確懷抱著緊張的心情，倒是有準備一筆錢捐作香油錢，如此一來讓我爽快地花了 300 元買了一大袋金紙。引導我如何參拜的工作人員都算親和，也沒向我兜售其他產品，但可以明顯感受到這是間私人道壇，因當我在詢問該間廟的歷程及求紅線的相關事情時，創辦師姐叫來另一名工作人員，用眼神瞄了我這方向一眼，像是在問著：這人是要做什麼呢？除此之外，沒有讓我感受不舒服的地方。

基於對修行人的尊敬，我始終相信該廟創辦人是以協助單身男女找到生命中另一半，以及幫助結婚男女有個和諧家庭為志願，如真需要多尋求一個管道解決並無不可。

| 正殿柱上座右銘共勉之 |

集緣宮的建築特色應是由不少題字所裝飾而成,先有許願池前的石頭詩詞,再有入門前的框旁題字:集點鴛鴦合訂婚姻尊月老,緣牽男女依憑簿籍繫洪繩;月老婚配書登錄才子佳人,星君姻緣情繫百世良緣;增緣納福添榮華富貴,祖師神恩朝四方之緣;和合情深慟天地有情,二仙妙法布世間善緣。在在說明月老星君於天上忙碌著人世間的男女配對。

再走進正殿,由八根高聳威壯的圓柱架起整座廟宇殿堂,上方刻有:家庭包辦婚姻即是薪傳,世界自由結合才算文明;彼燕婉要玉鏡臺下聘,個兒郎是金蓮炬送歸;結兩性因緣山盟海誓,祝百年伉儷地久天長;兩性婚姻由今朝說合、百年夫婦乃前世修緣。一方面道盡該間廟宇的治理方向,另一方面也向結合後的男女勉勵,彼此是有何等深厚緣分而成為夫妻,應珍惜這份情誼。

求姻緣流程:

❶ 向廟方購買金紙、姻緣線、疏文、符咒和香包,並點上姻緣燈,費用為一年 1,000 元。

❷ 在疏文上填寫姓名、出生年月日、地址、蓋手印,放上供桌。

❸ 點香向月老星君說明擇偶條件。

❹ 上香完畢,可至神桌前抽取紅線,自行決定紅線長短。

❺ 將疏文連同金紙一同燒化。

◆ 建廟時間:西元 1993 年
◆ 開放時間:10:00 ~ 17:00
◆ 地　　址:南投縣集集鎮名水路月老巷 1 號
◆ 電　　話:049-2764803
◆ 交通方式:
開車│於國道 3 號,236 名間出口下交流道,往台 16 線水里方向。

詢問度　　　　　訪問度
★★★☆　　　　★★☆

台南鹿耳門天后宮

『求助「月老姻緣木蘭志工隊」，
可當作心理諮詢般聊天解惑。』

| 「隨艦媽祖」金身成百年懸案 |

　　明永曆 15 年（（西元 1661 年），延平郡王鄭成功率領戰船、將士來到鹿耳門港外，但因水淺，大船無法進港，於是在船頭設香案禱告上天。當時艦上有一尊「隨艦禤祖」，蒙媽祖庇佑，瞬間潮水驟漲丈餘，大軍得以魚貫而入，順利揮軍登錄鹿耳門南岸北汕攻取赤崁樓，進而克復台灣，鄭成功感念媽祖鴻恩，於是在登岸地點建廟，將「隨艦媽祖」奉祀於鹿耳門的「媽祖廟」內，即今日的「鹿耳門天后宮」。

　　清朝同治 10 年發生一場大水，水勢猛烈地淹沒原鹿耳門媽祖廟，媽祖廟的神像、器具等隨大水飄散四處。其一的開基媽祖金身

被信徒涉水請出寺廟，輾轉落於鹿耳門天后宮的爐主家中；其一的大型神像和器具，經信徒安排走水路到臨近的水仙宮放置，後於台灣光復再遷至海安宮；但遲遲等不到新建的媽祖廟，海安宮裡的古物被請至一個大村莊裡的保安宮，還直接更換名字為聖母廟，據說因此得罪主祀五府千歲，讓村莊不平靜一陣子。

聖母廟雖然迎回許多神像，但偏偏遺落了開基媽祖的金身，於是當地居民在離同治時期媽祖廟較近的地方，建立起鹿耳門天后宮。只是如此一來，便與隔壁村土城正統鹿耳門聖母廟爭奪起誰是正統媽祖廟，結下嚴重樑子，甚至彼此有盛大廟慶活動也都沒有互動。

|「月老姻緣木蘭志工隊」助單身男女一臂之力|

土城正統鹿耳門聖母廟的月老公，其答謝成婚對數有上萬之多，與之相比，北汕尾的鹿耳門天后宮，其「成果牆」顯得遜色許多，幸虧有「月老姻緣木蘭志工隊」，用傾聽、耐心、引導的方式，幫助想求姻緣的男女順利祈求幸福。

　　與其他「專業顧問」的月老廟不同，這裡沒有繁瑣的求紅線儀式，但「月老姻緣木蘭志工隊」的志工們，卻充當起愛情的諮詢顧問，在看過眾多為情所困的世間男女，自有一套與月老公溝通的方法，能給予人們心靈慰藉。我們在參拜期間，從他們那裡聽了好多故事。

　　關於與隔壁村的月老問題，他們有這麼一說：如到聖母廟求過紅線，不能在此地再求，不過當時服務的志工師姐表示，她本身沒那麼忌諱與隔壁村爭奪正統媽祖廟的心結，只是紅線本來拿一條即可。又曾有個女孩到這裡求紅線，共擲了十幾個筊都無聖杯，於是志工代她向月老公問，是不是這女孩的年紀還未到，待幾年後再來求紅線。話畢一擲，馬上允杯，可見月老公明察秋毫。

　　求得好姻緣不僅是單身男女的願望，志工師姐說起，有一名中年男子來到月老公面前擲筊，沒有得到答應。志工向前關心，豈料這名男子竟然哭了起來，他向志工表示，他老婆在小孩還是嬰兒時

就去世了，他為了小孩而結交一名
女孩子有三年之久。日前這名女子
劈腿認識另一名男子，才交往三個
月就拋下他跟那人離去。男子自知
帶著小孩，不忍心讓交往三年的女
孩跟他受苦，他放手讓女友跟隨一
名無家累的人，所以他請月老再給
他一段好姻緣，為了他也為他的小
孩。正當他與志工吐露心聲之際，
有名小女孩跑進來叫著：「爸爸！爸
爸！」男子急忙說．「出去，妳先

出去。」像是不想讓女兒看到自己脆弱的一面。服務的師姐安慰他：
月老公公也會照顧尋找第二春的姻緣，建議他改天自己來，把孩子
交給別人照顧，才能好好地與月老公溝通，同時也要他不要心急，
要對自己有信心，堅強點，好好照顧女兒。

　　服務志工師姐的故事十分吸引人，使得不少參拜的人們停下腳
步，聽她說著男女情事，令人感動。對於現在男女未婚的情況，她
和服務的志工們感觸也頗深，其中有一位義工媽媽忍不住抱怨起現
在的男女：女孩子總不願嫁到鄉下地方，認為自己嫁入夫家後，不
該只能燒衣煮飯，這些在自己家都由媽媽做，為何要到別人家去做
那些事情呀！婚後能夠維持未婚待在家裡的狀況，那是最好不過了。
而男孩子總想著要娶個老婆回家侍奉，倒不如娶個大陸的、越南的，
還比較任勞任怨一點，更不用去討好女孩子！

　　感嘆之餘，「月老姻緣木蘭志工隊」積極的做法是推出廟內的未
婚聯誼，她們總是不遺於力地推動，九年來活動已促成千餘對佳偶。

前不久才辦過一場聯誼會，參加人數很踴躍，但活動當時，男女彼此卻都相當害羞，促使她們賣著老臉，活絡現場氣氛並安排一對對男女相處的機會呢！雖是件苦差事，但能當個現代紅娘，她們相當樂意呢！

| 別讓月老公找到人但找不到紅線 |

志工師姐說：放著紅線的紙袋為姻緣袋。有一截紅線露出外面，是方便月老公公牽紅線，千萬不可塞進去或是拉得太長，免得找不到或找太久，別讓月老公找到人但找不到紅線，或是要找上好一陣子的線頭去牽線。

與文昌、財神共享香火的月老，乍看之下，被燻黑的面容雖然顯得嚴肅，但仔細一瞧卻是瞇著笑眼，嘴角微微上揚，喜樂地聽著信眾的心願。在參拜的同時，碰巧遇見一對新人帶著日式的禮盒前來還願，把供桌裝飾得喜氣洋洋。

帶著滿滿的勵志故事走出廟宇，站在廟宇廣場，有種掉入時光隧道般的感覺，想像著以往務農社會，民眾在勞動一天過後，每個人搬著家裡的板凳坐在廟宇廣場聊天、泡茶、嗑瓜子，或是什麼都不做，僅是乘涼。慢慢離開廟宇，覺得求姻緣的過程，酸甜苦辣，到廟裡與月老聊聊天或是與志工師姐分享心事，不失為一種專業顧問，更棒的是，**費用是隨喜功德。**

◆ 建廟時間：西元 1661 年
◆ 開放時間：05：30 ～ 21：30
◆ 地　　址：台南市安南區媽祖一街
　　　　　　136 號
◆ 電　　話：06-2841386
◆ 交通方式：
　開車｜走中山高可從永康交流道下，接中正南路、西門路至市區各旅遊點，若走國道 3 號，可以在新化時走國道 8 號轉接中山高到永康交流道下；從市區到鹿耳門天后，則可從台 17 線往北直走，至顯草街左轉，再循指標前往。
　客運｜南下可搭乘國光客運、統聯客運、和欣客運前往。抵達後，再搭市區公車或觀光巴士遊覽古城。

詢問度　　　　　訪問度
★★☆　　　　　★★

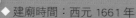

求姻緣流程：

❶ 山中默念自身背景、所求為何、對象條件為何等，請求月老幫忙……，擲筊，月老應允後於月老公前取姻緣袋，隨身攜帶或置於皮包內或枕頭下，事成稟告月老還願謝恩。或於廟方月老公前點「姻緣燈」，可獲得廟方精製「姻緣福袋」，隨身攜帶。另可視自己意願，填寫資料卡，詳細填寫姓名、午次、興趣、職業、學歷、聯絡電話、地址，以便聯絡參加廟方每年舉辦之未婚聯誼活動。

❷ 訂、結婚時皆是還願時機，至月老公參拜答謝，並知會廟方留下結婚合照及喜帖，貼於月老姻緣分享牆上，廟方管理委員會將於「有情人終成眷屬」結婚喜慶時，敬贈婚禮喜幛以表慶賀之意。謝恩所需物品：（廟方建議）足百壽金二支（一支媽祖殿、一支月老殿）、喜餅一份、喜糖、素果、喜帖（月老殿）。

PART-8

求科技到府送姻緣

姻緣天定人力難求？

進入全面的雲端科技生活，宗教界不光是神像、廟宇供信眾膜拜，有些廟方開始架設網站和手機系統，讓信眾能 24 小時零距離求姻緣，妥善利用網路便利及科技曝光。

鹿港天后宮的網站，一打開就像跌進一個奇幻世界，然後到達廟方正門，猶如親臨廟門口，準備進去參拜，甚至設置網路購物點姻緣燈，將姻緣遠端送上門；台南的大天后，利用手機撥打號碼，不僅能膜拜月老還能擲筊求取靈籤，簡直是全年 365 年，一天 24 小時都將月老公使用得淋漓盡致；位於新北市邊郊地區的石碇，有間月老和合二仙殿，開放時間只有四個小時，不過法師卻開放 Skype 遠端膜拜與郵局劃撥取法寶，服務忙碌的現代人。

雖無法得知這樣的轉變是否真有增加神明的業務量，然而這般「人定勝天」的時代，應該會鬆動人們的傳統信仰呀？怎麼反倒是神明們被架上網路供信眾參拜呢？其實從月老出現的《續幽怪錄》中，就可以經由唐朝小說的背景窺探些究竟。

月老是李復言在《續幽怪錄》的〈定婚店〉中所塑造出來。有學者推斷，月老應是源自古人崇拜月亮，當想要有段感情寄託便向月亮訴說情衷，如此演變，被小說家轉換成月光下一名替人牽線的老翁。

而唐朝小說出現的時代背景對於宗教崇拜也有極大影響，中晚唐時期，是唐朝在安史之亂之後，告別盛唐繁榮，進入政治動盪、經濟緊縮的時候，加上開國以來，唐朝皇帝對佛、道教的崇拜，於是佛教所說的因果輪迴、前世今生使人們有了寄託來世的希望感，並寄託心靈安慰於道教神明下凡顯靈、救民救苦的事蹟。

即使科技、科學進步，讓人們講究眼見為憑，使因果輪迴與神明的存在顯得不太可信，可是人世間的苦與唐朝卻沒兩樣，科技也解救

不了，因此還是請神明們辛苦點，全年全日無休撫慰人心。

月老出現的時代背景，也出現許多姻緣天註定的說法。

唐朝有位李姓官員把女兒許配給一個體格魁梧、滿臉鬍鬚的盧生，李家上下都說他會是個好女婿，於是就選了一天要招贅盧生。

婚禮當天，李夫人很信任的一名女巫也來湊熱鬧，李夫人好奇地問她：「這盧生的官場前途如何？」女巫回答：「盧生是否留著鬍鬚呀？」李夫人回答：「對呀！」女巫說：「如果是的話，這個人不是妳的女婿，妳的女婿臉上沒有鬍鬚，是個面容白皙的人。」李夫人說：「照妳這麼說，這場婚禮不就辦不成了。」女巫肯定地說：「今天晚上一定嫁得出去。」於是婚禮照樣進行，盧生扛著大禮到李家堂前跪拜。

洞房時盧生揭開頭巾，忽然大叫一聲，走出新房，騎上馬一去不回，說這個婚是結不得呀！

李官員氣得大叫：「這是成何體統。」便叫女兒出來給大家評評理，問著：「我女兒很醜嗎？那個盧生就這樣走了，如果沒有讓大家看一看，還以為我家女兒是怪物呢！」大家一見，開始說著：「是盧郎無福。」

李官員氣忿地說：「今晚如果賓客裡有人願意娶我女兒，立刻成婚。」這時有個賓客走出來說：「小子不才，願做上門女婿。」大家一看，是拜過官職的鄭姓小子，長得臉白唇紅，五官標緻，下巴一根鬍鬚也沒有。在場的人們拍手叫好，於是就讓兩人成親入洞房。女巫的說法一下子成真，李夫人和下人再也不敢嘲笑女巫。

一天盧生在路上遇到鄭生，知道他娶了當晚的新娘，直說：「那天揭開頭巾，看到一個女子兩眼通紅，長牙還爆出露在嘴巴外面，怎可能不逃走呀。」結果到鄭生家中一見，才發現不是他當晚見到的可怕模樣，心中滿是懊悔和驚訝。

之後女巫的預言流傳開來，當地人們便說著：有緣千里能相會，無緣對面不相逢。

鹿港天后宮

『台灣唯一奉祀湄洲祖廟的鹿港天后宮，
　可以網路點燈，即有廟方人員代替信眾上疏祈文，
　載記進月老手上的姻緣簿。』

| 台灣唯一奉祀湄洲祖廟媽祖神尊 |

　　鹿港在清治時期，港口深闊，與泉洲相對，距離很近，開啟鹿港以貿易致富的商人時代。在清康熙年間，施琅奉命征討台灣，請到福建省湄洲天后宮的其中一尊媽祖神像前來坐鎮，令全軍平安渡海。待戰事結束，施琅家族的弟弟與姪子，懇請湄洲媽祖留在鹿港，於是媽祖留了下來，於鹿港天后宮供居民奉祀。

　　由於當地居民的生活日漸豐裕，使得媽祖廟的香火跟著興盛，連帶住處有不敷使用之感，便進行改建。之後歷經多次擴建才有了如今的建築規模。正殿供奉湄洲媽祖神像，正對大門所望而去的是台灣海峽，遠眺湄洲祖廟。

2007 年設立月下老人廳，起因於現代子女遲遲不肯進入婚姻，令家長們擔心子女的婚姻大事，向媽祖祈求幫忙子女找到理想的另一半。廟方感同深受，請出專管姻緣的月下老人，建立一處供信眾求紅線的廳堂。

| 網路購物登錄姻緣簿 |

走進鹿港天后宮的月下老人廳，無不被它紅通通的色彩驚豔，造型門面上方掛著大紅色燈籠，一眼望去，紅色基底點綴著金黃色的立體雕刻，布滿兩面牆和月老兩旁及供桌下方，感覺都還沒求紅線就已經準備辦喜事，有著愉悅感。月下老人廳占地不小，但在我參拜期間，長期滯留跟月老說話的人只有一、兩個。

這個空間是專屬於月老，沒有與其他神尊共用，所以才叫「月下老人廳」，是個很好的祈福之處，空間很大，同時容納十幾個人都沒問題，地板為木製，要坐要跪也很方便。另外兩旁牆面的立體雕刻，呈現神明們在天上的情形，有一邊明顯看得出是月老在牽著紅線，栩栩如生的景像猶如身處天堂，旁觀神明正在辦事的狀況。讓第一次前來的我，盯著兩面牆回不了神。

　　月老神尊背後有一幅高山樹木配上一輪黃澄澄大圓月的畫面，中國味十足，右手持拐杖左手拿著綁有紅線的寶物，看起來不太像姻緣簿，而且祂腳邊有另一本寫有姻緣簿字樣的大冊子。表情有些凝重，額頭有三道皺紋，眼角下垂、兩頰還有垂下的紋路，長長的鬍鬚遮住嘴，無法得知是笑或悲。是不是要幫現代單身男女處理姻緣大事太過操勞了呢？辛苦您了。

　　誰教這尊月老不僅幫鹿港當地信眾解決困難，更接受全台灣各地想求姻緣的信眾，透過網路購物登錄姻緣簿，將自己的基本資料填入月老腳邊的姻緣簿，並掛上祈願疏文於月老供桌兩側，祈求月老指引一條光明的婚姻路。

　　廟方善用網路的零距離、零時差，不但將入口網站設計得精簡完善，還設置虛擬實境給遠方信眾有親臨現場祈福之感，更製作不少精緻影片，介紹廟方的歷史和神明背景。剛開始為服務非本地信眾，登錄姻緣簿只限網路購物的朋友，由廟方幫信眾向月老上疏文求紅線，再郵寄到家中，現在則開放現場信眾可登錄姻緣簿。

│已婚婦女見到月老要快逃？│

當我在欣賞兩旁的立體雕刻時，聽到有位婦女激動地喊著：「是月老，不可以拜。」在我回頭時，見那名婦女率領一位老邁婦人和兩個青春期女孩快步離開。我著實被嚇到了，怎麼有人見到月老如此驚慌？再聽婦女邊走邊解釋，說月老是牽紅線，不能亂拜。我猜她已經結婚，兩個女孩是她女兒，既然已被紅線帶進婚姻，難道怕拜了之後會拉出另一條紅線嗎？又或者對自己的愛情沒信心，不相信那是真愛？

話說月老所牽的紅線，自始至終都是同一個人，沒有緣分是不會相遇的，相信只要是自己認定的那個人，兩人願意相知相守相惜就不用怕多拜一次月老會多牽一次紅線。

記錄下鹿港天后宮的網友們多是一家大小參拜，雖然不需要求紅線，卻對於月下老人廳的喜氣印象深刻，所以鼓吹單身的人們可以到此廟拜月老，令我忍不住學網友，鼓勵單身人們安排一趟鹿港美食的走古蹟求紅線之旅，如果真的沒時間，網路購物方便又快速，可考慮一下，這是全台灣月老祈福的創舉。

求姻緣流程：

❶ 準備兩份供品，一份置於媽祖供桌，一份放在月下老人廳的供桌。

❷ 共 5 個香爐各 3 柱香，參拜順序為後殿 2 樓玉皇大帝、後殿 2 樓左文昌帝君、後殿 1 樓太歲星君、中殿湄洲天上聖母、中殿桌下虎爺公。

❸ 合掌參拜月老星君，稟明姓名、出生年月日、地址、另一半的條件，請月老星君幫忙牽線姻緣，並賜予紅線早日進入婚姻，如果同意請賜二個聖杯。

❹ 如在網路或現場登記姻緣簿（一年 600 元），名字將記在月老腳邊的姻緣簿裡。同時廟方會給予祈緣疏文，可掛於月老供桌兩側。

◆ 建廟時間：西元 1725 年
◆ 開放時間：06：00 ～ 22：00
◆ 地　　址：彰化縣鹿港鎮玉順里中山路 430 號
◆ 電　　話：04-7779899

開車│國道一號由彰化交流道下，轉 142 縣道，接 17 號省道，往鹿港方向直行，即可到達。

客運│至彰化火車站前搭乘彰化客運至鹿港。

詢問度
★★★☆

訪問度
★★★

石碇月老和合二仙殿

『通訊軟體膜拜神明，遙祈月老，
　郵政劃撥加網路 DIY 都可通。』

| 閭山正統道法，斷緣祖師 + 桃花仙女 |

　　石碇月老和合二仙殿的原址本為太子宮，經營約 20 多年，因緣際會之下，主要從事道教法事的法師，在一年多前，從台北辦公室移至石碇並設立此月老和合二仙殿，殿中除了供奉月老外，左右兩旁還有「斷緣祖師」以及「桃花仙女」。

　　根據殿裡陳設的說明可以得知，斷緣祖師為唐朝陳太守，由於高中科舉榜眼受到貞觀皇帝重用，卻因為如此而未敢透露與家鄉女子有婚約，在家鄉等待的女子因此誤會陳太守失約，而改嫁他人，

陳太守得知消息後相當傷心，因而決定隱居修行。簡單來說，斷絕祖師主要負責「切斷」不當姻緣；而桃花仙女主要負責「建立」人與人之間良好的緣分，以協助月老處理天底下男女的感情困擾。

| 網路行銷＋電眼感應，神仙也需要 |

在網路上搜尋月老、姻緣、單身、未婚等字，所拜訪的部落格如有置入廣告，很容易就會看到「月老和合二仙殿」的網路廣告，有種處處可見的跡象。或許是知名度仍不高，所以該殿充分運用網路行銷，設立網站說明歷史、參拜流程、地理位置、服務項目等，甚至能透過 Skype，24 小時觀看神像並隔空膜拜。

網友可以透過網路求取法師加持過的符咒，舉凡招桃花、增進感情、挽回情人等常見需求，透過網路以及郵政劃撥取得，無須親自拜訪。考量到求助者對於個人隱私以及時間不足的問題，設計如此符合現代人需求的服務，真是令人驚艷。

前幾年曾經參拜過，近兩次造訪意外地撲空，一次早上 10 點前到，還沒開；一次剛過下午 2 點後到，已經關。於是思考著，透過

網路祈求姻緣或許是未來趨勢，不受時間空間所限，因此放棄再訪的念頭，先說說之前與妹妹參拜的經驗。

在瀏覽法師的網頁後，雖然心中有些不安，但還是戰戰兢兢地前往了。月老和合二仙殿位在石碇郊區，距離深坑不遠，一路上隨處可見公雞穿梭山路間，大型的招牌在綠意盎然的山區，特別顯眼，很容易就可以找到。進入仙殿內，先進的感應器便將我們抵達的訊息以鈴聲通知法師。

由於仙殿採取道教儀式，桌上擺滿許多未曾見過的法器，但參拜流程十分簡單。祭拜者先填寫「祈求月老和合二仙攝合姻緣和合疏文」，再索取和合符，點三炷香祭拜月老，並向月老唸述疏文內容。再將疏文以順時鐘方向繞月老主爐三圈，和紙錢一併燒化。和合符則帶回家置於枕下即可。另外，也可以祈求月老姻緣紅線，或索取姻緣袋隨身攜帶，保佑桃花早日到來。

| 天助自助者 |

法師不諱言地說，解決感情問題，並不如許多江湖術士說得那樣簡單，大仁法師相信，玄學法術有一定功效，但無法百分之百解決所有問題，或是達成所有人的需求。更重要的是，他認為除了宗教的力量外，自己的心態也相當重要。

「天助自助者」是法師的觀念，感情出現問題時，除了藉助月老的祝福與加持，若能虛心檢討自己的缺點，改變不當的態度與行為，才能獲得美滿的姻緣。

除了扮演法師的角色外，法師更像是心理醫師給予求助者支持，從宗教與心理兩方面協助面臨感情問題者度過難關。最後，「心誠則靈」是法師給信眾的忠告，只要抱持著正直、善良的心，相信月老以及世間有形及無形的力量，都會協助月老信眾達成願望的。

◆ 建廟時間：西元 2007 年
◆ 開放時間：10：00 ～ 14：00
◆ 地　　址：新北市石碇鄉雙溪 45-2
　　　　　　號
◆ 電　　話：02-26638660
◆ 交通方式：
　開車｜國道三號，由木柵交流道下，往深坑、石碇方向出口，連接深坑聯絡道，再由文山路接 106 縣道。
　開車｜至台北景美捷運站，搭乘 666 號公車，至石碇雙溪口下車。
　詢問度　　　　　訪問度
　★☆　　　　　　★

求姻緣流程：

❶ 向廟方購得月老金、和合金及「祈求月老和合二仙攝合姻緣和合疏文」，共 180 元。

❷ 先拜天公爐玉皇上帝，再拜主神月老公，說出自己的名字、住址及祈求事項。

❸ 將自己的名字、農曆出生年月日、地址填寫於疏文上，若有對象，亦可填寫對方資料，誠心祭拜月老並告知自己所求，然後順時鐘方向過爐三圈，即可與金紙一併焚化。

❹ 求完月老後，亦可以抽一條月老的紅線以及香案上的姻緣粉隨身攜帶。

❺ 若無對象者，也可以將自己的生辰八字寫在「宣言許願卡」上，一樣具有效用。如有對象者也可以將自己及對方姓名寫在「宣言許願卡」上，月老會幫忙傳達心意給對方的（免費）。

❻ 若有索取「宣言許願卡」，可將求得的姻緣粉放置在「宣言許願」紅袋裡面。

❼ 月老和合二仙殿需還願，如果祈求順遂，就要來還願，還願方式可用清香、素果、金紙，量力而為即可。

PART-9

求業績顯著

婚禮迎娶流程（僅供參考）

在這個講究數據的 21 世紀，連掌管人間事的神明，其成果也被人們用數據檢視著，而全台灣業績最顯著的月老廟，根據還願記錄，北、中、南各有一間，主要是台北迪化街的城隍廟，新竹科學園區山上的普天宮，還有台南鹿耳門的聖母廟。

這些業績都表示新人步入了婚姻的殿堂，但你了解現代結婚迎娶的流程嗎？那是怎麼一回事呢？

婚禮前一天，男方需先安床，依照「日課表」（提親後，由命理師父選定婚期上的安床時間），安床後需請屬龍的孩童在床上翻滾，討個「早生貴子」的吉利。

婚禮當天，男方一早需祭拜祖先，告知有婚禮舉行，再出發迎親，迎娶車輛以 2 或 6 的倍數最好，迎娶親友應在 6 或 10 人以上。路程中需一路放鞭炮，但現在已經簡化成到新娘家時才鳴炮（有一顧忌，如遇過橋或另一迎親隊伍，需放一整排的鞭炮），迎娶隊伍到新娘家前燃炮通知，女方需也以燃炮回應。

女方家需由一名男童捧著橘子、糖瓜、瓜子去開車門，請新郎下車，為「拜轎」。新郎需準備開門紅包禮給男童。陪同新郎迎娶的隊伍得讓新娘的姐妹和女性朋友阻攔，通過考驗才能讓見新娘，而新郎則準備捧花到新娘房接新娘，捧花內會放紅包，有現金 999 表示長長久久。

新娘祭祖後，拜別父母，感謝養育之恩，由父母蓋上頭紗。新郎僅鞠躬行禮。走出門外，由媒人拿八卦米篩（懷孕者以黑色雨傘）遮蓋新娘，因為當日新娘神最大，所以這麼做表示不跟天公爭大。新娘由右邊上車，新郎由左邊上車。男方將女方準備的青竹和甘蔗綁在禮車車頂，在其根部掛豬肉和紅包，象徵新娘如青竹般開枝散葉，新人感情跟甘蔗一樣甜甜蜜蜜，掛豬肉

是要避災禍（典故來自「周公鬥桃花女」）。

禮車第一台出發需放鞭炮，女方也鳴炮表示迎吉避邪。新娘車開動，新娘需丟一把扇子給哥哥或弟弟揀，意謂丟掉壞習慣去做好人妻。新娘坐定後不可回頭看也不能說再見，在後頭的女方主婚人或是母親，用臉盆裝水向車後潑水，要新娘別太掛念娘家，凡事要以夫家為主。（現在有人說不要潑水，讓女兒可以常回娘家）。

迎娶車隊到新郎家，不可與來時同樣路程，也需在路口、橋頭燃炮以驅凶避邪，同時代表新郎不願再走回頭路。在車隊到達男方家時，第一台車會鳴炮通知，之後男方家要在車隊兩旁放長長的鞭炮報喜，讓車隊在炮聲中經過。待禮車停止，男方派出一名男童，捧著紅色盤子，裝兩顆橘子或蘋果開車門，請新娘下車，也稱拜轎。新娘下車摸一下橘子或蘋果，再給一個紅包，取吉祥平安。

媒人拿八卦米篩遮蓋新娘，牽新娘進門。進門時跨過火勢正旺的火盆，踩破瓦片，俗稱過火與破煞，但不可踩門檻。男方將青竹和甘蔗取下，掛在大門框，再把豬肉交給男方人員。

新人進到男方家中，由男方主婚人帶新人一同祭拜神明，之後向主婚人一鞠躬，新娘則雙手捧茶杯向新郎父母敬茶，喊聲「爸、媽」，由新郎父親各給新人一個紅包。拜完後，新郎將新娘的頭紗掀開，相互一鞠躬進入新房，即所謂「一拜天地、二拜高堂，夫妻交拜，送入洞房。」

新人房內，要放八卦米篩，表示會生子。然後預先擺放兩張椅子，有的是用新郎的黑色長褲舖在椅面，有的是將黑色長褲套入椅腳，讓兩人坐在圓凳上，表示夫妻是一體，從此一心。喝過交杯酒，一起吃甜湯圓，象徵早生貴子。而新娘還沒脫下白紗前不能坐在新床，怕懷孕時容易害喜，其他親友同樣不能坐上新床。之後便等到宴會開始時間，再出發到婚宴現場。

現代普遍的迎娶流程大致如上，僅供參考。

台北霞海城隍廟

『位於台北市中心，國內外聲名遠播，
靈驗為明星級指數。』

| 北港迎媽祖，台北迎城隍 |

　　成就大稻埕的城隍遠近馳名是從一場打鬥開始：「頂下郊拚」。
起源於福建省泉州府同安縣后溪霞城，原奉祀於艋舺的八甲庄同安
人聚落，卻在西元 1853 與居住在艋舺頂郊的泉州三邑人發生械鬥，
而住在下郊的泉州同安人戰敗，便將舉家搬遷至大稻埕，包括城隍
爺神像，那次的頂下郊拚意外促成了大稻埕和大龍峒的開發。

　　來到大稻埕的城隍爺，先被安奉於陳金絨（迎城隍進入台灣本
島的人士）之子陳浩然所經營的糕餅舖，並於西元 1856 年由陳姓族
人和地方善信共同發起建廟。但大稻埕的發展仍落後新莊、艋舺、
八里盆，甚至連同時期到大龍峒的同安人都比大稻埕的經濟還好，

　　直到淡水開港通商，擔任台灣巡撫的劉銘傳（1885）考量到外國進
駐、台灣貿易重心北移的趨勢，劃定大稻埕的淡水河沿岸給外國人
居住區，開始創造起大稻埕的經濟繁榮歷史。

　　拜大稻埕地區商業發達之故，讓原本只是同安霞城的守護神，
至清末、日治時期成為台灣本島最旺的廟宇之一，與北港媽祖的繞
境並列齊名。

｜昔日瘋城隍，今日瘋月老｜

　　遠在霞海城隍廟湧進求姻緣的單身
男女之前，坐落於大稻埕碼頭，是台北
城對外最大的進出口港，也是聚集買賣
南北貨的地帶，可說是時尚潮流的先驅，
於 5 月 13 日城隍爺誕辰之前的前兩天，
即是 5 月 11 日至 12 日，為了讓城隍爺
順利暗訪民間冤死的鬼魂，大台北的夜

晚猶如白晝，到了 5 月 13 日當天，馬路上都是人，繞境隊伍從迪化街出發，一直到酒泉街的保安宮，因而有一說法：「5 月 13 日人看人。」相傳大台北城隍暗訪的習俗是來自於附近古代有個刑場，而有一女鬼冤死向城隍伸冤，在此事件後為避免有冤死孤魂留戀人間，而有了城隍爺暗訪巡視。

這是土生土長於大橋頭（臨近大稻埕）的陳女士（我媽）所口述的故事，在參拜近百次台北霞海城隍廟的我，首次偕同我媽至此，她納悶著：怎麼是拜月老呢？因為在她小的時候，約民國 40 幾年，在台灣民間流傳著：三月逍媽祖，五月看城隍，後者指的便是位於迪化街的霞海城隍。

此間廟宇更有一神奇說法，話說在每年農曆 6 月 1 日，天公門打開時，陳女士的媽媽總會牽著她，帶上米糕、銀錢、小紙人（家中有多少成員即帶幾個紙人，必須分男人和女人，男的紙人是平頭，女的紙人留頭髮），於天還沒亮時徒步走到城隍廟拜拜，因為有人

曾看過八仙在天色橘紅之際降臨於此，可贈予人們願望，為求心願達成，大台北地區的人們在這天凌晨早起，半夜走路到此地，趁天亮之際進行參拜。

物換星移，此時置換的景況是，打扮新潮帶著淡妝的年輕女孩和騎著單車的年輕男孩，奉上桂圓紅棗糖果及一盒盒糖粉，向城隍爺下的月老公點上三柱清香，默唸自己的擇偶條件，期盼月老公早日幫自己牽線成功。

| 名人加持，聲名遠播 |

　　台北霞海城隍廟內的月老是在 1971 年入駐，因為有位老人太總會到此處請求城隍爺保佑先生事業順利、孩子學業順利等，她的兒子後來考取理想學校，服完兵役得到美國名校獎學金且取得學位，找到好工作，可是感情生活總還沒有依歸，於是老太太再向城隍爺祈求孩子們找到理想對象，沒想到不久就都有了好消息。

　　老太太為了感謝城隍爺便向廟裡住持表示，想捐獻月下老人神像，讓祂能幫城隍爺處理未婚男女的婚姻大事，就這樣廟方住持找人雕刻了一座 43 公分的月下老人神像供奉於城隍廟，此尊月老的面容幾近全黑，外觀只見圓滾滾的模樣，仔細一看，祂似乎瞇著眼裂開嘴角，愉悅地傾聽信眾們的心聲。

　　演變至今，台北霞海城隍廟不時有名人前往參拜而屢屢上報，在 2005 年 7 月，鬼門關的前一天早上，港星劉德華向月老公祈求姻緣到來，巧的是當天一場午後雷陣雨後，小Ｓ與夫婿許雅鈞及公公

婆婆便提著喜餅來答謝月老賜姻緣。小S還願消息曝光，演藝圈的明星們陸續走踏於此。

有上報的明星還有劉若英、蔡依林、羅志祥；國外明星則有莎拉潔西卡派克（美劇《慾望城市》女主角），日本演歌歌手小林幸子。說到小林幸子，她從參拜到結婚的故事還被完整張貼在廟旁的柱子上，藉此勉勵單身男女。故事是在2011年2月，小林幸子由台灣藝人汪東城陪同到台北的城隍廟參拜，未婚的她誠心向月老懇請賜予姻緣，然後回到日本繼續忙碌的演藝工作，卻在8月時遇到小她8歲從事醫療相關器材的社長向她求婚。57歲的她遇到對的人，令她臉上露出幸福的笑容，再回到月老面前，答謝祂給了她一個好家庭。

不知是小林幸子的故事發揮了作用，還是廟方經營有道，或是觀光局宣傳夠力，每每來到這裡，耳邊總充斥著各國語言，尤其是日文，常見廟方志工帶領一批批生澀的日本男女，用熟練的日文向他們解說如何參拜，如何說明自己的擇偶條件等，看著這些日本觀光客手舉清香，表情緊張，認真誠摯地對著月老唸唸有詞，可知全世界正等待愛情的男女皆是相同的心情。

| 心誠則靈 |

因地緣關係，我走訪參拜台北霞海城隍廟可說是經驗滿滿，看來是承襲家族傳統，長輩拜城隍，我來拜月老。另一個原因是，有一個說法，需要常到月老面前走動，令祂老人家不時記起我這個人，可加速姻緣到來。

第一次與友人於中秋節時參拜月老，那時拜月老還不時興，所以帶著害羞緊張的心情，但一入門，廟方就說要付 260 元買紅線、鉛錢和喜糖，當時我有種被詐騙的感覺，因此志工要求信眾向月老說明想要的對象是什麼條件時，其實我的腦子一片空白，然而友人們卻走憑在神桌前，嘴裡唸著許多話，我也跟著硬想了未來老公的條件，唸完後，志工引導我們到旁間向義勇公、城隍夫人及菩薩致意，再將香插到外面大香爐後回到神桌前。

回到神桌前，志工將 260 元買的鉛線、紅線交回給我們，吩咐到香爐繞三圈再放在隨身的皮包，然後給顆糖要求立即吃掉，卻將一盒盒糖粉收走，說是要煮平安茶跟大眾結緣。這令我加深了被詐騙的印象。回家後，不停地向周邊朋友抱怨被人騙了 260 元，連那盒糖粉的邊邊都沒摸到就被收走了。之後，可能月老覺得我不信任祂，幾天後連紅線也不見了。

幾年後，身邊仍舊沒有對象，這次是心甘情願地準備 260 元交給廟方，再買一條紅線和鉛錢，更不抱怨糖粉被收走，只是每次去時，平安茶總要多喝 2 杯，將 260 元給喝回來（這是玩笑話）。果真心誠則靈，這次不到三個月，透過一名認識不深的保險業務員介紹了一個對象，雖然沒走到最後但令我見證到月老的行動力。

　　爾後，我幾乎每個月都會找一天到此與月老見見面，說說話，也帶了許多朋友到此，向他們宣揚月老公的靈性，甚至見到不少第一次到此拜拜的信眾，茫然地東張西望，我自己總愛充當志工，指引他們如何買金紙，怎麼走流程參拜等。曾遇過一個父親帶著女兒前來，女兒害羞，父親一個大男人對於拜拜這種事又顯得不知所措，本要轉頭離去卻又心有不甘，於是我向前跟他們說說，這才讓父女倆邁進廟裡拜拜；也遇到坐計程車來的日本女孩，我則用簡單英文引她們向志工詢問。

　　我最愛在喝著平安茶時，觀察參拜的男女們，誰教廟方說，平安茶很燙，但不能吹涼它，不然會把緣分給吹走的，那就慢慢喝慢慢看。期間我也是被觀察的對象，不知有沒有人是在拜月老時這樣看來看去就對眼的姻緣呢？雖然現在有個更新的說法，平安茶太燙，可以吹涼再喝，不過我覺得「不把緣分吹走」的說法太浪漫，還能多逗留在廟宇外，看看有無看對眼的人，並讓月老多多認識自己。

| 網友流傳靈驗傳奇 |

　　「網路溫度計」網站於 2014 年 9 月 25 日到 2015 年 2 月 25 日收集網友口耳相傳的全台十大熱門靈廟，台北霞海城隍廟榮登第三名，據說 2014 年一年牽成 5,288 對情侶，還帶著喜餅回來還願。不僅如此，更有網友分享同事早上參拜月老後，下午立即遇到生命中的另一半，其靈驗指數之高，無不令單身男女嚮往。

　　不少網友分享拜台北城隍廟月老的成功經驗是：條件需說清楚，因為網友感覺，沒向月老講明是要穩定交往對象，往往會招惹到爛桃花，談了場不了了之的戀愛。相對地，明確地將心目中盼望的對

象條件向月老訴說後，就會找到相仿條件的另一半，很容易心靈契合進而走入婚姻。甚至還有網友分享，拜完月老與朋友出遊，原先自己未來的男友（在當時並不知道會成為男女朋友）並沒有打算同行，卻臨時取消聚會同遊，他們就此認識，事後想想，這個男友的條件，與她向月老提的條件可說是符合的。

　　可能是慕名而來的單身男女太多，有些網友除了自己去拜月老，連同另一半也有參拜過此地月老，還有一對夫妻推算，他們拜月老的時間有可能是同一天，使人驚訝著命運的巧合。所以網友們試著站在科學的角度，解讀台北霞海城隍廟月老的靈驗關鍵，可能在於願意出門拜月老，表示真的很想有一段穩定的感情關係，也就更願意去找那個人出來，拿著放大鏡尋覓符合條件的另一半；又或者肯為經營一段感情而做些改變，又或是選擇一段適合的關係。我想，

月老靈驗的關鍵，只存在每對成功擁有一段美滿婚姻的男女心中，至於還沒得到的，也許多出門結交新朋友，會是個很好的開始，三不五時到月老面前參拜充電，將自己想要的另一半條件再說一次，會強化內心將那個人找出來。

◆ 建廟時間：西元 1859 年
◆ 開放時間：06：00 ～ 20：30
◆ 地　　址：台北市迪化街一段 61 號
◆ 電　　話：02-25580346
◆ 交通方式：

開車｜自重慶北路交流道往台北方向下交流道，直走重慶北路，民生東路右轉到底的大稻埕碼頭可停車。自大稻埕碼頭走到城隍廟約 10 分鐘，往民生東路直走，第一條巷子為迪化街，右轉進入，直走 5 分鐘，左手邊為台北霞海城隍廟。

公車｜從台北火車站附近的中華路上搭 304、238、239、249、223、302 公車，在塔城街（又稱北站）下車直走到底，與延平北路一段交叉口即為永樂市場，右手邊第一棟即為台北霞海城隍廟。

詢問度
★★★★★

訪問度
★★★★★

求姻緣流程：

❶ 至正殿偏間的金紙舖購買 50 元金紙和三炷香。
❷ 再到廟內服務櫃檯購買供品 260 元，服務人員會先提供紅線包和一顆喜糖，而供品則由服務人員直接放在供桌上。
❸ 至外面點香後，入廟內由服務人員帶領參拜，默念：「請城隍廟、月老公作主牽紅線，弟子○○○，地址……，希望找到……條件的對象（或是心有所屬的對方姓名）。」
❹ 接著，再入廟裡祭拜義公爺，祈求小人退散，以及城隍婆，祈求姻緣早來，還有觀音菩薩，祈求增長智慧。
❺ 最後，到廟外的金爐插香，拿紅線包順時針燒金爐三圈，放在皮包裡隨身攜帶。
❻ 到旁邊喝杯平安茶，勿吹，因為據說會把緣分吹走。
❼ 離開時，記得將金紙投入收回筒，廟方將幫忙載到別處焚燒。
❽ 求過一次紅線後，可以初一、十五回來參拜，常回來參拜走動，再過香以求在姻緣路上加速前進。
❾ 姻緣香包費用 100 元，向廟內服務櫃檯購買即可。
❿ 記得要吃廟內的還願喜餅，因為喜餅是新人來還願的，而未婚男女藉此沾沾新婚的喜氣，也能讓自己的婚事早成，切記不可挑餅和挑糖。

台南正統鹿耳門聖母廟

『自 1994 年底到 2013 年 8 月，已撮合 25,511 對新人。』

| 到底誰是「正統」|

　　追溯到明朝，鄭成功對抗入主中原的清廷政府失敗，準備將台灣做為反清復明的據點，但是考慮到需經過波濤洶湧的海洋，航海安全不得不重視，於是為求航行順利，出港時帶著隨船的湄洲三尊聖母，期許庇護全軍順利渡台。果真與鄭成功同舟的聖母一路護行他們安全抵達台灣，而此三尊聖母也被稱為「國姓媽」，現仍寄在台南市安南區土城鹿耳門聖母廟內，香煙鼎盛。這故事轉載自《台灣歷史百講二書》內，刻在木板上，放置於廟方一角，同時強調著供奉於台南正統鹿耳門聖母廟的聖母像是自明朝與鄭成功來台的。

　　爭議的開始始於明朝鄭成功進入台灣的港口——鹿耳門，自明

　　朝使用至清朝，在西元 1823 年 7 月後，因灣裡溪（今曾文溪）在暴風雨過後港道淤積成為無法使用的廢港，而在西元 1871 年溪水暴漲，沖毀了供奉聖母像的鹿耳門天后宮，然而神像在廟被沖毀前已被救出來，造成當地原供奉佛像的鹿耳門天后宮與新建的鹿耳門聖母廟都宣稱原始佛像在自己廟裡。為此，同在一個村裡，車程距離不到五分鐘的兩間廟宇展開了十幾年的正統爭名，之後聖母廟將「正統」二字掛於廟名前。

　　依據廟方的說法，正統鹿耳門聖母廟的原廟名為「保安宮」，建於 1641 年，鄭成功於 1662 年登台，為感念隨船媽祖的庇佑，增祀隨艦護軍之三尊聖母神像於保安宮，兩旁建置僧舍六間，並設置砲台，立旗杆，成為台灣官建的第一座廟宇，當時從商人到百姓都前來參拜，可說是全台最熱門的廟宇。但因洪水來襲沖壞廟宇，便將神像寄祀於水仙宮，但日治時代時，水仙宮的廟宇建材被日本人拆去建防空設施，不得已又將神像寄至海安宮，這讓土城當地居民

發起重建廟宇，從海安宮迎回寄祀的媽祖神像，並將保安宮的五府王爺和隨艦護軍的聖母媽共祀廟內。至 1960 年改名為正統鹿耳門聖母廟，1975 年因上城地區發展興盛，重建這座仿造北京紫禁城宮殿式的廟宇。

初次造訪這座小漁村的人們，無不被這座享有遠東第一大廟宇美稱的建築給驚艷，占地 15 頃，為東南亞最大，幾乎是仿造中國紫禁城的規格建造而成，以紅色為基底，兩旁以護城河的方式圍繞著廟宇，連接護城河外建築的是一座座的拱橋，為中國風的富麗結構。供奉的神明有第一殿的五王爺和鹿耳門媽、第二殿的媽祖、第三殿的佛祖殿，如要逐一參拜應會費時不少。

| 富麗堂皇的宮殿建築 |

第一次參拜此座廟前，我是跟著鹿耳門媽祖宮的舊址走去，一

路上望去皆是魚池，慢慢駛進市區時，看到一戶戶人家在家門口挖
蚵，著實是個樸實的小漁村。當真正到達正統鹿耳門聖母廟時，簡
直是張大嘴驚嚇不已，是來到北京的紫禁城嗎？台灣竟有如此壯麗
的廟宇，只嘆自己是隻井底之蛙。

　　漫步於此座廟宇像是在觀光一般，難怪不少進香團坐著遊覽車，
一車接著一車到此地參拜，祈求神明庇佑還能欣賞優美風景。走著
走著想起聽聞鹿耳門之地，有兩間「媽祖廟」在爭吵誰供奉著隨鄭

成功來台的媽祖神像。有一說是正統鹿耳門聖母廟，在那場大水過後僅拿到原鹿耳門媽祖宮的香爐以及一些大型古物，像是石碑等，真正那尊媽祖神像是在隔壁村的鹿耳門天后宮。還有一說，鄭成功登陸地點並非在鹿耳門聖母廟，因當時，土城這塊地還在海的下面。實情如何，讓台南鹿耳門地區的人慢慢討論，外來客的我們繼續享受眼前美景。

從第一座殿到第三座的三樓月老面前，需走好幾分鐘的路程，在見月老之前，先瞧瞧參拜月老後已結婚的賀卡吧，貼滿樓梯間，不失為另種裝飾藝術，令到訪此地的媒體和網友，必定拍下這本地限定的奇景。有些新人的賀卡年代久遠已褪色，但是下方編號的累計數字，讓後繼求月老的信眾們，各個懷抱希望爬上一階又一階的樓梯，為求月老賜個好姻緣。

｜北京白馬寺請來月老加持｜

自廟方資料得知，聖母廟的月老是在民國 83 年從北京白馬寺請回供奉，查證網路資料發現，北京地區沒有白馬寺，再詢問廟方服務志工，他們表示不太清楚這段歷史。不論緣由何來，月老鴛鴦譜上的婚紗照已證明祂的靈驗程度。最新公布的資料，至 2013 年 8 月共有 25,511 對新人前來還願，為何這尊月老會有如此卓越的績效呢？是祂老人家太過認真牽紅線嗎？或是每條紅線皆是從祂手上取下的聖物，所以加持了神力讓信眾們心想事成？又或是大聲朗誦的關係呢？

來到祂老人家跟前，一整排的指示讓人目不暇給，但其實並不困難，首先未求過紅線，需填寫一張粉紅色的紙條，這紙條就在一張長長的桌子上，任人取用，並且還有時刻表供人對照。寫完之後，

點香將這粉紅紙上的資料唸過一次，不行默唸哦！要唸出聲來，像是宣告自己的決心一般。唸完插香，求聖杯再唸一遍。在我參拜的期間，有群年輕女生一個個連番上陣求紅線，有位女生怎樣都求不出一個聖杯，幽默的服務人員跟女孩說：「妳要大聲一點呀！」「妳大叫一聲帥哥月老公，祂一開心就會允妳杯了！」「嗯，不然讓妳媽媽來說說！」另一個年輕女孩從人群中跑出來，請她和那位無法求到紅線的女孩媽媽，到月老面前說一聲，她媽媽拒絕：「剛才已經講過了啦！」女孩無奈再跑回她妹妹的身邊。最後，總算皇天不負苦心人，讓她順利抽回一條紅線。待嫁女兒心呀！想留也留不住。成功求到紅線，可交給服務人員幫忙收線，再自行決定是否要拿個香包袋，成本價為 100 元，自行投入緣金箱即可。

如果已求過紅線，再次拜訪月老，盼望祂老人家別忘了自己的姻緣還沒有著落，可以帶點甜食供奉，唸上一段文字，內容可參考廟方貼心印好的資料，唸完後記得歸還。離開時向祂要顆糖，再分

點還願者的喜糖，加諸點幸運在自己身上。

　　只見剛才指導求紅線的服務師姐，突然走回她的工作桌上，原來有對男女想向她登記還願，並將他們的喜訊放在鴛鴦譜上，感謝月老促成他們一段好姻緣。哇！親眼見證月老的靈性呀！還願新人恭敬地跪在月老面前，手持清香唸著還願內容，真是個美好結局。

｜鴛鴦譜上的新人背後故事｜

　　不讓台北城隍廟的月老專美於前，聖母廟月老的明星見證不勝枚舉，有氣質性感女星尹馨，拜過此地月老後，吸引身價億萬的電子業新貴男子，而同門的師姐何如芸和胡晴雯，不約而同參拜月老，沒過多久就找到經濟能力不錯的另一半。華視新聞於 2014 年 11 月報導，台灣小姐劉子軒嫁給與她同名、住在國外的老公，一樣叫做劉子軒，便是到此地求得紅線的保佑。

　　由於聖母廟的廟方有心記錄月老成就多少對新人，每對還願的新人都會有一組登錄鴛鴦譜上的編號，這令一些熱於分享的網友們，紛紛在部落格記錄自己的號碼以及愛情故事。有名網友是在路上撞出一個老公，這是真人真事，因被追撞車子要理賠，她與撞她的人談好理賠吃了午餐，半年後的情人節早上竟傳了「好冷的情人節有

人陪嗎？」的簡訊，她好奇地回訊息，如此這般，三個月後兩人公證結婚，而她就是在撞出老公的前一年年底到聖母廟拜的月老。

再有對新人則分享，要常到月老前拜拜，將姻緣袋過香爐，網友叮嚀著，別太鐵齒，要把姻緣袋的袋口綁緊，不要隨意讓緣分溜走。在還願後，可將姻緣袋放在兩人新房的抽屜，延續月老的保佑，讓兩人的感情長長久久。

於是在知名的「揪團網站」上，時時出現相約單身男女一起到台南來拜聖母廟的月老，總是吸引網友們熱烈地討論和加入。附帶一提，此間廟的香客大樓既便宜又方便也乾淨，解決外地前來求姻緣的住宿問題。如是在新春元宵節進住，還有煙火可以看，五顏六色的煙火照亮華麗的宮殿夜空。相信有決心找姻緣的單身朋友們，會不遠千里而來，到聖母廟月老跟前大聲朗誦祈求願望，可以強化遇見真愛的信心，還有將心願傳到天上和人間。

求姻緣流程：

❶ 費用隨喜即可，寫完「月老公的祈願卡」，點香唸完祈願卡，插香後再求聖杯，至月老公的手上抽一條紅線，交給工作人員幫忙收拾線頭後即可。

❷ 點香時唸祈文如下：信女／信男名叫……，農曆國曆生日分別為……，住家地址（如是租屋也需寫上租房子的地址）是……。然後向月老公說：自己誠意地向您祈一條姻緣線，有個好姻緣，如您恩准請賜聖筊。

❸ 注意唸祈文時，不可以默念，要唸出聲，而且要唸慢一點，月老公才能聽清楚幫你牽對象。

❹ 最後可依需求得到姻緣袋100元，自行投入功德箱即可。

❺ 訂婚時拿喜餅和謝卡向工作人員登記，工作人員將把謝卡貼在姻緣名簿上，喜餅分享給未婚男女食用分享喜氣。

◆ 建廟時間：西元1641年
◆ 開放時間：05：00～21：30
◆ 地　　址：台南市安南區城安路160號
◆ 電　　話：06-2577547
◆ 交通方式：
開車│中山高下永康交流道，台1線省道往西街，經公園路、民族路、文賢路北上，安南區公所左轉往土城子，安中路直走即可到達。
火車│搭火車至台南火車站，往中山路經民生路、中華北路步行至安明路四段，接安中路即可到達。

詢問度　　　　訪問度
★★★★★　　★★★★★

新竹古奇峰普天宮

『每年撮合 200 多對，
　創下 7 天撮合科技公司 24 對的媒體傳說。』

| 古奇峰不在高有廟則靈 |

「竹塹十二勝」之一的古奇峰以寺廟林立出名，幾乎住在北部的國小生在遠足時，共同的回憶便是那尊高達 120 尺的關聖帝君像，以及古奇峰育樂園和周邊賣著玻璃飾品的商家。民國 56 年曾擔任新竹縣市議長、議員的鄭再傳先生創立了古奇峰育樂園，將畢生收藏的雕刻、書畫、雅石放置於此，如今不知是否沒有專人照顧，已改為古奇峰風景區，也沒有加收門票，景區內的石雕斑駁、長滿青苔，落葉滿地及崩壞的石板步道，令遊客望之怯步，與古奇峰風景區外的普天宮相比，人聲鼎沸，香火綿延不斷，讓見證過育樂園高峰的人們不禁唏噓。

　　普天宮於民國 89 年奉玉旨成立「福德正神聚寶殿」，為信眾們加持財運和事業，在廟方外面有一大篇一大篇《獨家報導》雜誌剪報，企業家曹興誠、張忠謀不約而同到此地求財神，也吸引了不少夫妻到此地請了個求財的法寶，雙手捧著回家供奉。

　　除此之外，民國 90 年廟方接獲另一玉旨，建造「月老星君廟」，立於正廟右偏間，一間獨立清幽的別墅。

| 月老助科技人找伴侶的神蹟傳說 |

2007 年 8 月,《聯合報》報導普天宮月老星君殿,每年撮合 200 多對,特別是科技族群。

2008 年 10 月,東森新聞報導碰上 12 年一次的「正桃花」年,廟方擴大舉辦「牽線法會」,讓上萬名單身男女報名。

2012 年 12 月,《中國時報》報導,普天宮的竹科月老牽線,每年積極舉辦 2 場大型未婚聯誼,每天平均收到 3 盒喜餅。

傳說有家知名科技公司帶著公司的單身員工去拜拜,一星期後 48 對中收到近一半的喜帖。

夾雜著傳說與媒體的驅策之下,我抱著高度期待去參拜普天宮的月老公,還沒見到本尊,先是見識到為何此尊月老受到科技新貴的喜愛,因祂就在科學園區山上。　路驅車經過一棟棟的大樓,上面掛著著名科技公司的招牌,但一間間公司的銅牆鐵壁阻隔外界接觸,讓人看不到所謂的新貴,連個管理員都很難看得到。

直到正式走進普天宮,接近月老星君殿前,才知道為何此尊月老的傳奇不斷。有個大看板高掛著月老聯誼會,邀請未婚男女或是二春男女打開心中那扇門去認識新朋友,並共創美好的未來,一年有三場,費用 500 元,與 100 位朋友度過一個下午時光。

來到月老星君專屬的獨棟房子,左右兩側在南極仙翁和立像月老後面,滿滿的賀卡貼滿牆面,足以證實媒體的報導所言不假。左邊高達 150 公分左右的站立月老,穿著飄逸衣裳拿著姻緣簿及紅線,隨時準備出發牽紅線。倒是右邊拿著仙桃和拐杖,笑咪咪的南極仙

翁，不知跟月老有什麼樣的姻緣？

| 包到好，整套求姻緣，受到家長青睞 |

望著桃色心型禮盒占據整個供桌，不由得感染到幸福喜氣，更覺得月老的神氣會灌進供品裡，讓參拜者結束儀式後，帶著紅線回家，立即就能遇到另一半，即使代價為 1,200 元也在所不惜。

不少年輕單身男女聽到求紅線的費用為 1,200 元，紛紛打退堂鼓，更有種不屑用金錢買愛情的高尚情操，有趣的是，許多家長卻是願意為兒女的幸福，買下這份保證書，包括與我同行的媽媽，她還說著：「如果真的有效，為下輩子的依靠花 1,200 也不為過呀！」還要求我去寫疏文、蓋印章，跪在月老公面前召告天下我需要個男人，有些難為情和侮辱珍貴的愛情。

　　不知是巧合還是爸媽都吃這一套，我們在停留的時間裡，也聽到一個媽媽要為身邊的女兒招姻緣，女兒覺得貴要媽媽別花這個錢，媽媽則說：「它上面有列細目嘛！我們去看看，再挑自己需要的來用囉！」雖不知他們最後如何用符合自己經濟的方法向月老求姻緣，可以確定的是，現代人的婚姻大事是「兒女不急急死爸媽」。

　　參拜時，見一對男女低調地繳了香油錢，跟著引導人員拿香、點香，屈膝於月老神桌前的跪墊上，照著神桌布上的指示，唸起文字。一會，他們起身，隨引導人員繞香爐獻花、點燈，再將金紙化於金爐。回到供桌前，取回紅線等信物，即完成整套儀式。之後，他們慢慢逛出月老星君廟。一對前腳一走，另一對又進到廟內詢問求姻緣的儀式。

| 普天桃花池，增桃花、錢財、人緣 |

　　月老別墅前有一看似造景的池子，小巧可愛，池的正中間有塊鮮艷美麗的粉水晶，被水不停地拍打著。走近一瞧才知道它不僅是是裝點月老星君廟宇的池子，還是個有作用的「普天桃花池」。

　　據說人在頭頂、左肩及右肩共有三條魂，

只要摘支池旁的桃枝，沾上池中吸收粉水晶能量和當地佛加持的法水，在三魂各點一下，讓代表「水」的「財」和「桃花」布滿全身、滲入靈魂。我雖然沒有使用，參拜期間也沒看到信眾到普天桃花池執行招桃花儀式，不過普天宮正殿旁，有個水桶，裡面擺了樹枝，許多阿公阿媽前撲後繼地從水桶拿起樹枝，將水甩在身上。我想這儀式是普天宮特有的祈福方式吧，不論是平安、健康、緣分等。可是桃花池被困在欄杆後面，即使想折桃枝，點些池子裡的水在身上，也不知道怎麼進去呢！那就當個景觀欣賞吧。

　　我與普天宮的服務師姐聊著，此尊月老的業績斐然，師姐驕傲地表示，原本僅吸引新竹當地信眾到此參拜，但現在不乏從台灣各地以及海外過來的人們，千里迢迢上山求姻緣。也許是他們辦的聯

誼活動能實質地幫忙單身男女認識新朋友，而活動當中，會向這尊月老致意，給單身男女們在心中先勾勒出心目中另一半的條件及樣貌，在參與活動時，更能鎖定自己所說的對象。師姐認為拜月老求姻緣這件事，不要太過迷信，別想仰賴一次儀式後就能找到對象。

說著說著，她拿了他們辦聯誼活動的資訊給我，場次不多、費用不高，但鼓勵著我打開心中無法打開的那扇門。

｜月老還願之新人喜悅分享｜

普天宮網站上有一頁面專門收集新人還願的賀卡，加上廟方現場張貼的賀卡，以及廟方刊物上分享新人喜悅的結婚照，每對笑開懷的新人，張張都是一幅幅美麗的畫作。

服務人員桌前，已填滿近十本的還願資料夾，當中有許多求愛的歷程故事，有一則是位離異男子，他的經濟條件不佳，先是來普天宮求財運順利，與廟方服務人員談起也想擁有一段穩定的感情關係，但卻考量無法提供給女方安定的經濟，遲遲不敢去認識新朋友。可是服務人員理解地說，是人都會想要一段感情關係，無關先前離異或是經濟狀況，不如參加二春聯誼與人互動一下，有助於心情開朗，不一定也能幫助得到賺錢的靈感。於是該名信眾開心地報名聯誼，期待著那

戊子年菊月二十日開光

普天桃花池

各位親愛的大德
歡迎您的蒞臨

桃花池淨沐三台，人的頭頂及左右肩即為「三魂」，上應「三台」。用桃花枝略沾飽滿神佛加持的法水，往頭頂、左肩、右肩各點一下，「水」就是「財」，「水」也代表「桃花」；讓自己沐浴在桃花、錢財、人緣的神佛祝福下，好運跟良緣必會隨著你的喜氣滿載而歸。

普天月老星君廟　敬啟

天的到來。

上述故事後來如何，刊物沒有後續報導。個人覺得這個故事很勵志，人人皆值得身邊有個人。當然網友們分享的成果，也很振奮人心，一群單身的朋友有男有女一起到普天宮參拜月老，其中一名男子問著愛情運勢，月老給他的指示是，想要的女孩在眼前就看要不要去追。於是男子直覺鎖定一名女孩，即是分享故事的女孩。過了幾個月沒聯絡，到了男子的生日聚會，兩人又再次見面。男子展開追求，慢慢地愈走愈近，最後終於得到女孩答應在一起。現在兩人已結婚，每年仍會回到月老前參拜，請祂保佑婚姻生活順利、感情美滿，女孩認為她的姻緣真的是月老牽的紅線。

網友們討論度最高是普天宮拜月老的儀式費用，與全台灣正規宮廟求姻緣的費用相比，可謂全台第一。我仍覺得如果有疑慮就不要花 1,200，添個 20 元的香油錢，上個香，與月老公說說話，或請祂指點迷津，不至於保佑神力會縮減。瞧瞧祂老人家臉紅齒白的笑容、炯炯有神的笑眼，一把長長的白鬍鬚，顯露出智慧的模樣，肯定能為真心求得感情的男女，指點出光明之道。

求姻緣流程：

❶ 先向廟方購買一套組合包，費用 1,200 元。組合包裡包括印心合（紅線、鉛線）400 元，良緣平安符二個 200 元，和合金一份 100 元，點蠟燭一對（開緣燈）200 元，花一束（早日開花結果）100 元，餅乾一份（喜餅）100 元，相思紅線手鍊 100 元，並上疏文一封向月老星君註冊。

❷ 在金紙上面寫上名字，蓋上大姆指手印（男生左手，女生右手），放在供桌上，至點香處點一束香（九支），先朝大公拜三卜，口中默唸恭請玉皇大帝做主，再朝月老星君參拜。

❸ 在燃香向月老祈求姻緣降臨時說：恭請普天宮月老星君駕臨，信女／信士名叫○○○，然後說出地址、出生年月日、想要找什麼樣的對象、所求為何？最後記得感恩月老，三鞠躬。將九柱香全部插在爐上，代表長長久久。

❹ 完畢後再將疏文與金紙化掉。組合包中的喜糖一些需給別人吃，一些留著自己吃，如有對象者，請將一條紅線、一個鉛錢和一個平安符交給對方保管，祈求兩人感情終成眷屬。無對象者，可將一組紅線、鉛錢及平安符放在枕頭下，而另一組帶在身上。待有另一半，將放在枕頭底下的紅線、鉛錢及平安符送給另一半。

❺ 如已論及婚嫁，到廟裡將紅線、鉛錢給化掉。

❻ 如需接迎月老爺身旁寵物（鴛鴦雞）回家或想幫月老星君貼金箔，可進一步向廟方洽談，能讓愛情加速。

◆ 建廟時間：西元 1967 年
◆ 開放時間：07：00 ～ 17：00
◆ 地　　址：新竹市高峰路 306 巷 66 號
◆ 電　　話：03-5248618、03-5215595
◆ 交通方式：

開車｜國道一號由新竹交流道下，左轉接光復路（122 號縣道）往市區方向，經金山街、園區三路、高翠路、高峰路，即可到達。

客運｜搭乘新竹客運 20 號，於終點站「普天宮」下車即可到達。或於新竹火車站轉搭新竹客運 20 號公車，至終點站「普天宮」即可到達。

詢問度　　　　　訪問度
★★★★★　　　★★★★★

月老成果之愛情故事Ⅲ
還願集錦

　　祀奉月老廟宇的工作人員，每個月總會接到不少還願的喜餅、賀卡，也總是樂於分享他們的所見所聞，其中有幾則還願故事不僅讓廟方人員津津樂道，也讓我聽來格外印象深刻。

祈願一條龍

　　有個女孩剛出社會沒多久，每個月都會到廟裡祈求財神爺指引她賺錢的道路，偶爾會選擇補補財庫，可能是誠心加上努力，她的工作愈趨穩定，賺的錢也跟著增多。幾年後，她覺得應該是要找個人安定下來組個家庭，於是她再向同一間廟宇的月老，完成了祈求姻緣的儀式，並稟明月老，自己想要的對象是怎樣的條件。

　　祈願完沒過多久，她便帶著喜餅到月老面前還願，開心地與另一半攜手共度下半生。

　　結婚後，兩人期盼有小生命誕生，卻一直沒有好的消息，她再到同間廟宇向註生娘娘祈求，希望給他們一個小寶寶。果然皇天不負苦心人，幾年後兩人順利地得到一個男寶寶，還替寶寶拍了一整組的藝術照、全家福，送給廟方的服務人員，分享他們的喜悅。

　　自己服務的廟宇能在信眾的重要時刻擔任最有力的心靈寄託，廟方人員與有榮焉地說著。

吃好到相報

有個媽媽煩惱著自己兒子遲遲不肯結婚，於是自行到廟裡幫兒子求了紅線，叫兒子帶在身上。不知是兒子孝順還是月老太靈驗，沒過多久，兒子就說要結婚了。

媽媽歡喜地辦喜事，更到處宣傳月老公的紅線太神了。

後來這位媽媽每幾個月都會固定揪親朋好友組團參拜月老，有的同樣是媽媽幫兒子、女兒求的，有的是拉著子女一起去求。該名媽媽不僅是旅行團業者身兼導遊，還化身為專業求紅線人員，引導團員們該如何正確拜月老、求紅線，簡直是搶了廟方服務人員的工作，而且同行的婆婆媽媽們，只聽這名媽媽的指示。因為她們認為，她有特殊方法才能讓不肯結婚的兒子進入婚姻，她說的話才是最準的。

這名媽媽依舊不停地宣傳月老的厲害，再以實際行動帶著為子女婚姻大事所苦惱的家長們，求條紅線回去給兒子、女兒戴著。

一定要還願

有名帶著嚴重英語口音的台灣男生，到廟裡向服務人員說他要還願。服務人員以例行公事的方式問著：「有帶喜帖、賀卡和喜餅之類的嗎？」

「是我媽叫我來還願，她說紅線是她回台灣到這裡求的，我剛好回來所以要我來還願。我們全家移民到澳大利亞，國外結婚沒有這些東西。」還願男

子用不流利的中文說著。

服務人員聽完有些困擾，照理是要呈上喜餅當貢品，給月老收到新人們還願的心意，但既然是在國外辦的婚禮，應該就沒有喜餅這種東西。

「那有喜帖或是結婚照嗎？」服務人員問著，想說國外的婚禮應該也有邀請親友參加婚禮的帖子，或是拍個結婚照以茲紀念吧。

「喜帖是什麼呀？不過結婚照是有的。但不在我手上，在澳洲。」還願男子乖巧地回答。

其實還願是人們對神明的敬意，沒有喜帖、喜餅這些東西是也沒關係。於是服務人員叫還願男子點香，向月老說明基本資料以及還願的內容，這樣就可以了。

不久，服務人員收到快遞送來的包裹，打開一看，是一盒喜餅、一張手寫的喜帖，附上一張結婚照，而照片中的男子就是前幾天來還願沒帶喜餅、喜帖的移民男子。仔細一看，那喜帖應該是去文具店買的公版喜帖，再自行手寫填上日期和名字，連宴客地點都沒有，而那盒喜餅則明顯是單買一盒的禮餅。

　　服務人員感到貼心，這名還願男了為了履行月老的還願禮俗，特地準備喜帖、喜餅並用快遞寄回給月老。

拜月老篇

Q 何時是拜月老的最佳時機？

A 一般隨時都可拜，但參考台北迪化街霞海城隍廟的說明，祈求月下老人的最佳時刻為：國曆 2 月 14 日西洋情人節、農曆 7 月 7 日傳統情人節、農曆 8 月 15 日月下老人生日。

Q 用什麼東西最能討月老歡心？

A 參拜月老不外乎糖、鮮花、五色水果、紅棗、桂圓、蠟燭，其中桂圓代表圓滿，紅棗代表姻緣早成，這是由台北霞海城隍廟帶起的風潮，故在廟前方的南北貨店，皆可買到。水果只要是圓形皆可。糖可以甜月老的嘴，也要選自己喜歡的糖，無論是硬的、軟的、貢糖、棉花糖、QQ 糖都可以，免得拜拜後不吃，或是分給朋友們也不吃。但各地有不同儀式，拜的糖也不盡相同，例如，台北霞海城隍廟拜白糖，而新竹普天宮拜紅糖、白糖、貢糖。花代表能與身旁的對象開花結果，基本上準備白色的花即可。但拜四面佛則準備蘭花，在高雄武廟則是 36 朵小紅花。

Q 拜拜時要跟月老說些什麼？

A 大部分至廟裡向服務人員或義工們說是要來拜月老，他們都會帶領如何唸疏文、祈文等。如想自助式求姻緣，祈文如下：弟子（女生稱信女）○○○、地址○○○、農曆出生年月日為○○○，今日誠心誠意祈求月老公速速賜良緣，理想對象條件為○○○，日後有成必定送上喜餅喜糖，燒獻月老公姻緣金敬謝。

Q 廟方已準備香，還需自己買香嗎？

A 通常不論供奉何尊神明，廟方都希望信徒自己為自己祈求的事情花錢，如果用廟方的香，添點香油錢，讓廟方維持營運即可。

Q 女生月經來時可以拜月老嗎？

A 不只月老不能拜，連任何神明都不能拜，也不能拿香，有褻瀆神明之意，不乾淨（以上是我媽，陳女士早些年說的）。近年來，大人們較不在意，所以在生理期都可焚香，因為有些廟方表示，神明理解這是養兒育女的自然現象。

Q 情侶可以一起拜月老嗎？家人或情侶一起去，需買幾份金紙？

A 情侶可以一起祈求月老，讓你們有情人終成眷屬；若是家人同買一份金紙即可，而情侶通常需要各買一份金紙。

Q 有心儀的對象，向月老稟告姓名，拿祭拜後的糖給他吃／她吃，有其效力嗎？

A 拜過的糖是給自己吃，或廣發出去結善緣。如有心儀對象，可將對方的姓名和出生年月日向月老稟告，至於會不會開花結果就交給時間回答，相信月老會幫你／妳找到對的人。

Q 如何求籤請月老指點感情上的迷津？

A 在日月潭的龍鳳宮、中壢月老宮、宜蘭四結福德廟等皆有籤詩服務，能為有對象或無對象的朋友解惑，而台南天后宮則只為有對象的朋友服務。

Q 拜完月老仍沒有桃花怎麼辦？

A 記得每個月回月老廟拿紅線過香，經常在月老跟前走動，就是提醒月老，讓祂記得自己的誠心和決心，這是各個廟宇向信眾宣導的說法。

Q 什麼樣的狀況需要點姻緣燈？

A 依據宜蘭四結福德廟的服務人員說明，當自認姻緣難成，或是求月老賜予姻緣無果時，可考慮點姻緣燈，因每月初一、十五誦經能催促姻緣早成。

Q 傳言站著的神明較努力，而站著與坐著的月老有差別嗎？

A 民間依神明雕像樣貌不同，有此說法，例如，三太子腳踩風火輪，會比其他神明勤快等。而根據台南大天后宮的志工說法，站著的月下老人通常比較勤快，因為為了眾人的姻緣幸福到處奔走，忙著撮合世間男女，所以台灣的月下老人神像多以站立的形象出現。

Q 求符令會比求紅線更快得到姻緣嗎？

A 據說，由法師加持過的符令，是依照每個人的生辰八字以及需求，量身定作而成，因此有法力較強的說法。但依專業法師的意見，符令並無法完全保證願望達成，符令靈驗與否，全憑個人自由心證。在尋求法師協助時，不可過度迷信，在費用方面，更需量力而為。心誠則靈，相信只要誠心祈求月老，皆可得到庇佑。

Q 拜月老只能求姻緣嗎？

A 依照最早留下來的文獻來說，月老應該只管姻緣，但目前有些廟宇宣傳拜月老可以增進人緣等，應該是月老身上新增加的任務吧！

Q 目前已有男女朋友，但自知不會有結果，能請月老找到命中註定的那個人嗎？

A 如是牽扯到道德層面的問題，應與現任男（女）朋友溝通清楚，該分開就分開，再請月老幫忙賜予真正良緣。

Q 可以請月老幫忙續前緣嗎？

A 依據文獻所記載，月老應是直接賜予良緣，如果分手應該代表對方不是與自己繫在一起。如真想挽回，據台北霞海城隍廟的資料，可準備「花」來祭拜月老，盼求合好。

Q 拜月老能斬爛桃花嗎？

A 日前有些道教的儀式會向月老請求神力，可幫人斬爛桃花，或是到城隍廟，向城隍夫人請求自己的爛桃花退散。

Q 如何還願？何時還願？

A 由於月老的終極任務為促成姻緣，當順利訂定婚約時，才須前往月老廟還願，感謝月老協助牽線。若在祈願時，曾允諾特定的還願方式，則應依承諾還願，否則攜帶訂婚喜餅回廟方祭拜還願即可。

Q 為什麼是牽紅線？

A 這是從唐代小說引申而來，因為唐代流傳用繩子相繫而選擇另一半，在唐代學士王仁裕《開元天寶遺事》卷上中就有一個〈牽紅絲娶婦〉的記載，紀錄男子郭元振如何抽紅絲線娶妻（詳見 118-119 頁）。

紅線篇

Q 紅線只能有一條嗎？

A 在《紅樓夢》第 57 回，薛姨媽說：「管姻緣的有一位月下老兒，預先註定，暗裡只有「一根」紅絲，把這兩個人的腳絆住，憑你兩家隔著海，隔著國，有世仇的，也終究有機會作了夫婦。」進而得出「人一生只能有一條紅線」。月老廟可以多拜，只要不重複求紅線即可。

Q 求完紅線後，為何需常常到月老廟走動呢？

A 有人說每個月初一、十五去月老面前，提醒祂老人家別把自己忘了。

Q 求過紅線但弄丟了，怎麼辦？

A 南北說法不一，以台南月老廟的服務人員表示，如果紅線弄丟了，表示姻緣近了；以台北龍山寺服務人員表示，如果要再求紅線也是可以。

Q 紅線是綁在手上嗎？

A 各地的做法不同，主張也不同。台北霞海城隍廟服務人員表示，綁在手上會造成血液循環不良，故紅線和鉛錢是放隨身包包。而台中樂成宮則建議求到紅線當天綁在手上，隔天再取下放在包包裡。宜蘭四結福德廟服務人員則認為，紅線需綁在手腕上。

Q 紅線不可弄濕及被別人碰到，否則須化掉再求一條？

A 不可弄濕的說法，尚無法求證源自哪種典故。至於不能被其他人碰到，是因為磁場聚集能量，勿讓外人改變自己磁場。

Q 第一次未認真求月老而取到紅線，是否沒效？如何補拜儀式？

A 如果紅線還在，認真到月老面前說清楚，將紅線過爐即可。如果紅線已搞丟，可考慮再求一條或相信姻緣已快到了。

Q 有些廟宇取紅線不需擲筊，是否比較不靈？

A 各地的做法不同，在嘉義城隍廟所供奉的月老，希望來求姻緣的人，自己帶紅線與廟裡的紅線做交換。以走訪過的月老廟來說，擲不擲筊取紅線，比例各占一半。

Q 欲求紅線，該如何擲筊才正確呢？

A 以擲筊的流程來說，首先向神明告知自己的姓名、年齡、住址及所祈求的事（請月老牽個姻緣）。接著，拿起筊半放在雙手手掌裡，須往上拋後掉落地面。最後見指示，聖杯（一正一反）、笑杯（二正）、陰杯（二反），得到連續三次聖杯代表允許。

不過，現在也有種說法，即擲一筊便可拿紅線，符合現代人的快速腳步。如無法求得聖杯，可能是時候未到，下次再來吧！

Q 單拜月老不拿紅線，姻緣能成嗎？

A 這是自由心證的問題，只要有心追求姻緣，有些人沒拜月老也能成。

Q 當求到紅線後有個交往對象，分手後需要把紅線化掉嗎？

A 不需要，因為那不是「對的人」。

Q 每分手一次需再拿一次紅線嗎？

A 不需要，因為紅線會幫你／妳牽到你／妳命中註定的那個人。

Q 紅線過了一年沒過爐，或是過了一年後，皆無任何進展，需要到廟裡換一條新的紅線或是化掉再拿一條嗎？

A 不需要，只需要經常到月老跟前走動，回到廟裡過香，一條紅線拿到底就好了。

Q 可以拿別處求過的紅線到另一處過爐嗎？

A 造訪多處的月老廟，服務人員皆不建議這麼做。

Q 原至 A 處求的紅線，現想轉 B 處求紅線，該如何化掉紅線？如何與 B 處月老說明呢？

A 只要向 B 處月老說明，為何想從 A 處轉往 B 處（可能是家住得較遠），所以想化掉 A 處的紅線轉求該廟的紅線。

化掉的方式則是與 B 處月老說明後，將紅線與金紙一同燒掉即可。

Q 有些廟方另外販售姻緣袋，是否需要購買才會更靈驗呢？

A 有些姻緣袋是免費贈送（例如蘆洲湧蓮寺）或是買組合包中附的（如台南大天后宮），其餘的可視需要購買。

Q 能代人求紅線嗎？

A 可以幫家人代求紅線，但不能替朋友代求紅線。

Q 喪妻／夫或離婚者可求紅線嗎？

A 可以！與月老清楚表明自己的狀況，曾在台南鹿耳門天后宮遇到一個喪妻的爸爸，想為女兒再找一個母親而前來求姻緣，雖當天沒有求到紅線，但熱心的義工媽媽鼓勵他再接再厲，下次再來。

同志朋友能求紅線嗎？

 因為月老所牽是「命中註定」那個人，如果是對的人應該無所謂性別吧！如有疑慮，有兔兒神可提供同志們參拜，源自清朝袁枚《子不語》中一位胡天保，他為一個同性之人神魂顛倒而被判死刑，到陰間後閻王知道他的故事，便封他為兔兒神。

台北威明堂兔兒神殿
◆開放時間：13：30～22：00
◆地　　址：新北市永和市永和 　　　　　路一段 37 巷 12 號
◆電　　話：02-89211512

台中廣天宮
◆開放時間：07：00～21：00
◆地　　址：台中市北屯區遼陽 　　　　　五街 131 號
◆電　　話：04-22434146

拜月老的基本常識與禁忌

● 進廟宇時，需從面向廟宇的右手邊門進入，離開時從左手邊出去。

● 入廟服裝以端莊為主，勿服裝暴露，對神明不敬。

● 拜拜的香務必完全點燃，忌諱有香沒有點燃就在拜拜。若拜拜時發現有香沒點燃，請趕緊重新點燃，重新拜拜。

● 拜拜時香請舉過頭，這是基本常識，避免燙到別人，也是尊敬神明的表現。

● 有些廟宇的月老是陪祀，需先參拜廟宇的正神再向月老求姻緣。

● 拜拜時請記得每一處都先說自己的姓名、地址、出生年月日（農曆），如此神明才知道你是誰。

● 拜拜時請勿拿傘，否則求什麼都散了。其實拜拜時，若旁邊有人拿著傘，最好也離他遠一點。若是折疊傘，收好放在包包裡頭是可以的，不要拎在手上。

● 拜拜時請勿戴著帽子、太陽眼鏡、耳機或滑手機，這樣對神明不敬。

● 拜好後喝結緣茶時，請勿吹茶杯，不然緣分就被給「吹了」。

● 廟裡會有還願的喜糖及喜餅，一定要吃來沾沾喜氣，不能挑選糖果，因為自己挑就不用月老做主。

台北花漾內斂等愛實錄

　　大橋頭捷運站出來，一邊可通往美食殿堂的延三夜市，一邊向台北大橋的橋墩下走去，能夠找到名聞遐邇的迪化街。捷運站名中的大橋，指的就是台北大橋，所以台北大橋的橋頭簡稱「大橋頭」。台北大橋的名字已為它奠定了重要性，表示台北人依賴著這座橋生活。實際上正是如此，探究起源，於清朝光緒年間開始動工，由首任台灣巡撫劉銘傳興建完成，連結舊名「三重埔」與台北大稻埕碼頭，因經費不足改為木造橋，橋面舖上鐵路軌道供火車行走，兩側為行人道，可通馬車，同時為了方便船隻通行，特別設置開橋裝置，讓河道船隻通過時可升降橋面，但因木橋樁柱經常受到河水浸蝕，需要常常維修。到了日治時代因颱風導致大橋斷裂，日本人拆掉舊有鐵道，修改鐵路路線，舖上新的鐵道，然而木橋仍敵不過淡水河暴漲，最後日本人放棄興建木橋，重建一座現代化的鐵製大橋，一度擁有「鐵橋夕照」美名。

　　與台北橋有地緣關係的我，從小跟著媽媽回到大橋頭的娘家，懵懵懂懂地見證了台北橋的演變，在尚未建立目前所看到的六線道台北橋前，它的橋身是灰灰黑黑的，大橋頭下每天早上都有人聚集在此，多半是男人，等著雇主叫人去做一日粗工，包吃包喝現領薪水，因為是一日計算，所以要找工作的人，只能做完一天，隔天再到大橋頭報到，再等雇主叫人，堪稱是一特殊景象。為何是聚於台北橋頭呢？正因它是「台北橋」，外地到台北打工求職，第一站認的便是「台北橋」。最近台北橋登上國際版面是它的「機車瀑布」，每到上班時間，從三重過橋到台北工作的機車族們，將下橋的橋面擠得密密麻麻，待綠燈通行，嘩啦啦地往前流動，川流不息源源不絕地，機車像是化作水滴形成一道瀑布從高處而下。只因台北市的生活消費高，外地到台北謀生的人負擔不起，僅能到台北橋的另一頭——三重——居住，利用機車通勤到台北市上班。

　　越過歷史地位崇高的台北橋，正式走入迪化街。這頭是迪化街的尾端，

多年前還是一些危險的古建築，我全然不知現已蛻變成不同樣貌，可能太習慣屬於自己的城市，不太注意它的變化，怎麼覺得有點像是對待愛情的態度，習慣等著被愛就持續這樣吧！熟悉的是，外頭迴廊維持原有建築，翻新的良好程度，讓路過的人不必擔心會有東西從天而降。

　　迴廊兩層樓的後面是迪化街的新天地，有幾間店面，舊式巴洛克建築和新式建材，一個可以打發下午的好所在，橫向穿過新建物，最遠可接到環河道路的自行車道，縱向就繼續順著迪化街走，一旁已有指標指出霞海城隍廟的距離。兩旁建物有巴洛克式、洋樓式等異國情景讓人懷古思今。即使不是台北土生土長，透過電影《大稻埕》也應略知迪化街一二，畢竟迪化街的歷史等於大稻埕歷史。在日治時代興盛的迪化街，因地處位置離日本較近，大量的紡織布匹進駐「永樂町通」（即為迪化街），結合原先的南北貨和藥商商機，使得迪化街成為全台灣商業最興隆的地方。

　　二次大戰後，永樂町通回復民間所俗稱的中街、南街、中北街說法，一直到現在台北人稱迪化街的台語仍是「中北街」。接近霞海城隍廟，先見一大批人散落腹地窘小的廟口外面，朝著香爐拜了拜但沒插香就直接進入廟內。這是正確的拜法，霞海城隍設置一只香爐，待持香拜完天公、城隍爺、月下老人、城隍爺夫人及菩薩後，如同繞廟一圈再回到廟外插香，很特別。

　　每回到此，我都會到對面買些紅棗和龍眼向月老進貢，可是帶回家，我媽說堆太多了叫我不要買，我才改買水果供奉，一方面也想顧及主神城隍爺的心情，怎麼都只買月老喜歡卻不完全是祂愛的。拜完後，起初我會掏山皮包內的紅線在香爐上頭繞三圈，現在沒有了，因為這裡香火愈來愈旺，火爐很燙，我紅線包外面的塑膠袋已被烈火氣燄燒到破洞。

　　這尊城隍爺是在「頂下郊拚」中被人背在身上救出來的，是泉州同安人到台灣島開墾時重要的精神寄託，以致城隍爺生日時，在民國20、30年代可說是萬人空巷地迎接城隍爺暗訪在民間冤死鬼魂的隊伍。現時則有城隍爺生

日趴，農曆 5 月 13 日左右可密切注意該廟的相關活動。

農曆 8 月 15 日是月老的生日，有一年我選了 8 月 15 日去跟人擠熱鬧，果真好多單身男女前來拜拜，還有媒體記者用 SNG 連線，訪問起現場的朋友。廟方準備好幾百個月老騎腳踏車公仔發給現場排隊的朋友，怕大家不知道去拿公仔，不時廣播放送，當地民眾一股腦往隊伍排去，讓一些日本觀光客的女孩們紛紛左顧右盼，想加入又不知道發生什麼事。雞婆的我，用英文跟她們說，過來排隊能拿免費禮物當紀念品，也不知她們聽懂或不懂，反正就是跟著排。拿完公仔還吃了月老的生日蛋糕，是趟有吃有拿的豐收參拜。

離開城隍廟往大稻埕碼頭方向遠眺，那是「頂下郊拚」後從艋舺逃亡至大稻埕的起點所在，今日晉升為藍色公路的碼頭，更是自行車車友最愛挑戰的據點，往南可到新店，往北可到淡水，途中亦可經過萬華（艋舺）。

既然牽扯到遙遠的歷史事件，溫故知新，到台北市最開始有漢人開拓的起點 —— 萬華。回頭坐捷運有點麻煩，迪化街隔一條街叫做延平北路，有一路 9 號公車，可載人從大稻埕到萬華。延平北路是全台北市最長的一條路，總長有九段，自市民大道到社子島出海口，行經西門町至萬華。

「一府二鹿三艋舺」一言以蔽之，是漢人到台灣由南到北的開墾史，古時

艋舺地處大漢溪、新店溪和淡水河交匯處，內河水量充沛，貨船從對岸大陸可直接駛入艋舺再分散台北其他聚落。不知是什麼緣故，艋舺地區從古時常有打鬥事件，使得人口流往台北各處，間接造成艋舺地區的商業沒落，直到現在，提起萬華，大家仍然與黑道、打架、特種行業連想一起。

旅遊萬華，不要走到小巷子內，都不太會感到不自在。因為有些小巷裡的部分店家仍經營「茶店」賣淫，或有穿著花枝招展的女人站在巷內招客，附近也看得到類似圍事、刺龍刺鳳的男人們。

有神明庇佑的龍山寺不會讓旅人困擾，裡頭廟埕寬大，右手邊有一大片造景瀑布，飄散出的水氣能令旅客感到清涼，像沐浴於深山瀑布之中，可達「心靈淨化、悟道慧根、具足相好、莊嚴其身」的效果。自入口進到主殿，供品整齊排滿供桌，一眼望去人潮很多，卻沒聽嘈雜聲，香客們沉溺在菩薩呢喃與煙火繚繞之中。

龍山寺西廂後方偏間，供奉一尊嬌小的月老神君，靠近一聽，有夾雜日文、北京腔、台語等旅人，拿著筊祈求月老賜予紅線。早些年，台灣觀光尚未全面開放，我見到的是，不少身穿時髦的年輕男孩們，揪團到龍山寺求紅線，發現這個現象，我召告身邊朋友們，要想求紅線可以到龍山寺去，順道瞧瞧有無對眼的帥哥，一起發展未來。現在需要改改口號，要找個跨國聯姻，可以到龍山寺月老前，邊求紅線邊搜尋未來另一半。

結束龍山寺參拜，再往電影場景走去，「剝皮寮」拜電影《艋舺》之賜再度受人關注，剝皮寮這條從清朝存留下來的街道，保有古蹟之名卻已修復成現代建築般堅固，比起台灣其他城市，速度快了許多。剝皮寮所在的艋舺，早在漢人入住前就有台灣原住民（平埔族）的南島文化存在，經過通婚，原生的平埔族似乎不見蹤跡，而文化則融入生活之中，之後日治時代添入東洋色彩，如此混血造就台北總不太純粹是哪種人，是好也不好，好的是能夠變化出多樣的可能性，信手捻來的文化，隨意創造個商品都能是「文創」；不好的是，解釋不出其根源是什麼，什麼又是「文創」。

剝皮寮的房子內部被充分利用為「文創」產業的展示場地，暫不用想破頭去理解什麼是文創，靜靜地感受展覽所呈現出來的風貌，心裡認為它是什麼就是什麼，藝術不就是這樣各自解讀的嗎？

逛完剝皮寮還有些時間，自龍山寺捷運站差幾站距離，有座台北最開始打造所謂文創產業的地方，順道去瞧瞧。

華山藝文中心，從善導寺站下車再走五分鐘便可以到，是座從日治時代製作清酒的工廠，戰後仍由政府管理、生產酒類，一直到 1987 年酒廠遷至林口，宣告華山做為酒廠的結束。現時被台北人當作假日的好去處，有綠地、有展覽、有美食，更有創意市集販賣台北青年的天馬行空小物，見一個個小攤後面坐著認真畫圖、手作的年輕創作者，當我靠近時，他們帶著羞澀的微笑望了望我，待我停下腳步，仔細研究攤位上的作品，他們才會開口介紹起作品的創作理念，大多是從生活中發想出來，再結合實用性或擺設的美感，每說起一個作品，就是聽到一則故事，他們往往會愈說愈起勁，但卻也會觀察我的反應再決定是否說下去。如果我選擇不買，他們仍客氣地向我道謝，讓我有時會選擇衝動地買下對我沒用的商品。

找一場自己喜歡的街頭表演坐下來，一方面欣賞一方面休息，凝結台北慣性的忙碌在舊時建築裡，但也像是在等待著什麼，帶我走向下一個明天。

台中都會悠然尋愛日記

　　置身台中火車站這棟活古蹟,延續日治時代擔任鐵路運輸站,向大門走出回頭望,車站仿西方文藝復興時代的建築風格,是西元 1917 年日本政府在明治維新計劃下的產物。至今這座二級古蹟,每天依舊繁忙地接送貴賓來訪或將遊子送到其他城市。穿過車站前面的半圓型中島,抉擇要往左邊走還是右邊,對於台中,總在定義它是哪種城市,地理位置在台灣中間,氣候不悶也不熱,沒有北部人的忙碌但也沒有南部人的樸實,就有專屬台中的慵懶,連路邊的寵物狗,打起呵欠都像電影慢動作畫面,緩緩張開再慢慢合上。

　　選擇往右邊,還得等紅綠燈才能過到對面,車站附近人們眾多,臉孔都十分稚嫩,一批穿著相同顏色制服聚在一起,另一批穿不同顏色制服圍住一塊地,每群國高中生動作又蹦又跳,講話七嘴八舌,很有活力、很年輕,呼應人們對台中的印象。

　　過了馬路,道路橫縱整齊地排列,自 1900 年日本人實施「台中市區改正」,把漢人留下的街道,從沒有章法變成棋盤格式,時至今日,塑造出台中市區的現代都市美感。日治時期為台中奠定城市發展的基礎,連留下來的眼科診所,也賣起冰來吸引觀光客。這個玩笑在近幾年流行起來,到台中必要進「眼科」掛號吃冰。

　　宮原眼科，原來的主人是日本醫生宮原武熊，身為醫生的他卻活躍在政界，是當時親台的日本人，與台灣文人共組「東亞共榮協會」，率先提議不要「皇民化」，站在被殖民的台灣人立場。所謂「皇民化」為日本在殖民地所推行的日本教育，改用日本姓氏，要求對日本國旗敬愛和唱日本國歌，以及建立神社等。有一位日本醫生如此尊重當地人，令人感到佩服，他後來成為台中州協議員，做事特立獨行，致力於排除日人與台灣人的分歧，爭取設置廣播台。我想像著他在這棟眼科裡，是否一邊看診一邊與病人高談政府謀取台灣人的利益呢？

縱使眼前的宮原眼科僅有外面幾道牆是古蹟，內部結構部分保留，可是大部分已經全然翻新。一踏進眼科本部，簡直掉入《哈利波特》的魔法圖書館，大量的藏書，讓我一邊仰望一邊驚呼，果真「數大就是美」，很有脫離台灣進到異國或異次元空間的氛圍。裡面好拍好買好吃，我對每張 CD 每本書籍都愛不釋手，唉呀，又說了個冷笑話，那張張 CD 裡頭裝得都是糕點，一本本書有裝茶葉也有乾物，可是外觀包裝都太有特色，上面寫的字總令人莞爾。現場有不少帶著濃濃粵語口音的觀光客，用普通話大氣地指著產品，包了 20 幾盒 CD 片，傻眼的我，不知這裡深受觀光客歡迎，最後我只帶了 3 片 CD 回家，一接到包裝袋再次驚呼，竟是用「出」字做成的眼科測量表。

　　還沒吃到冰就出現太多爆點，再到隔壁準備吃冰，排隊人潮太長，服務人員告知可以到「第四信用合作社」，那裡有位子可坐。哇！吃冰從眼科轉戰銀行，真是台中特殊的創意。到達信用合作社，有道保險金庫的厚重鐵門，門上有一大大的旋轉盤，面向大馬路，我猜測應該是推開金庫的門，可以進去吃冰吧，頗有電影情節，富豪進入金庫查看自己資產的感受。哈！可惜被騙，大門是在巷子內。

　　「數大就是美」再度顯現，冰櫃綿延好幾尺，光巧克力的苦味程度就分了十幾種，實在驚人，所幸等候時間不長，沒多久即品嚐到口感豐富的冰品。

　　來到台中要習慣什麼都大，但在「大」的表象下，別忘了尋找某個創意

的巧思，不然就感受不出台中的生命力，正如愛情，看似相同的樣子，實際上沒有細膩尋覓當中差異，無法體驗它的美好。

乘坐四通八達的台中公車61網絡，使用台北悠遊卡也能通，公車前後門皆設置刷卡機器，自行上下車刷卡，採信任制。於樂成宮下車，這算是台中第一座求紅線姻緣而費用隨喜功德的廟宇，而且還是大約2000元才請回的月老，我第一次得知這個消息很訝異，不說台北城隍廟已於1971年祀奉月老，台南地區的月老還可追溯到清朝時期。廟方增設月老殿，讓信眾將幸福好運的紅線帶回家，那是因為之前拜月老都要到一些私人的宮廟參拜，有些要付入門費，有些收費不透明，信眾們紛紛選擇到其他縣市求紅線。

一到樂成宮的月老殿，裡頭熱鬧滾滾，三五好友聚成一群站在殿內各個角落，有打鬧有講話，但聲音壓得很低，尊敬著這是神明的住所，而表情純真又開心，拿著筊往地下擲，彷彿儀式完成就有愛情來臨，十分可愛。

帶走年輕人拜月老的愉悅心情，坐上公車75，免費到達最具台中代表性的台中公園，幾個世代下來，來到台中，沒有在台中公園湖面上與情人划船留影，就像是沒到過台中，不管身邊有沒有愛人，卻都要這樣期盼著。於是乎，從歷史史料到網路部落，都留下了泛黃或新穎的情人留影於湖心亭前划

船，會不會是找到情人後，急忙拉到這裡划船、拍照。

　　台中公園是日治時期認定，做為現代化都市該被規劃出的一座公園，因此設置的公園，最初湖面上的涼亭是由草棚搭建，後來不斷修建，成為現今兩棟尖尖屋頂雙拼而成的涼亭，現已是台中地標也列入市定古蹟。涼亭裡面是木造地板和整片木門，不少遊客直接席地而坐，悠哉乘涼觀賞湖中風光。這麼一坐，很好打發一個下午。

　　如要見識台中的都市魅力，必要到附近商圈逛逛。公園四面都有不同風光，有棟中部地區最大的名牌 OUTLET 拍賣百貨大樓，有青春活力的一中商圈，步行就可以到達。

　　一中商圈，賣的東西既便宜又大份量，是學生們聚集的區塊，潮流服飾、配件、鞋子包包，應有盡有，而且一眼望去的店家，各個裝潢風格迥異，表現店家對流行的自我解讀，吸引懂得欣賞的顧客上門。他們沒有品牌知名度，有的是大膽創新砸錢呈現他們的理念，不怕競爭激烈沒生意，仍然花大錢做裝潢。這是台中人的「Guts」嗎？全台灣許多獨創品牌和特色小吃都是從台中發跡，像是春水堂、古典玫瑰園、鼎王等。有人說，台中人愛嘗鮮，也不怕會踩到地雷，見到新鮮的東西必先試試再說，如此這般，鼓勵創新店家在

台中開第一間店，再布局全台灣。

接著搭車到科博館下車，再步行到一個拜月老的愛情樂園。

這是座私人的宮廟，因創辦人有心造福信眾，建造一棟六層樓高，位於台中精華地帶的廟宇──慈德慈惠堂。剛走進廟宇門口，歡迎信眾的是一對月老公和月老婆的巨型 Q 版立體公仔，有種來到遊樂園的錯覺。再走上廟宇樓梯，意外發現兩旁有馬車和花轎，喜氣洋洋、浪漫滿分，已經很有歡樂氛圍，不料從一個小洞入口進到月老星君所在，就是洞穴深處，兩側被大樹的樹枝覆蓋，簡直是遊樂園裡的歷險記，差別只在於沒有乘坐遊玩設施，以及樹枝上頭掛的是祈福福袋，垂向頭頂。再往裡頭走去，好險不是更深處的洞穴，而是豁然開朗，透入外頭的天光，照在人造的石壁、流水、情人橋上。

通過愛情橋，有一個雙人搖椅和正緣亭。看著廟方的告示，他們會在這個空地舉辦些單身聯誼，讓單身男女拜完月老，可到愛情橋上掛把愛情鎖，或是同坐雙人搖椅聊聊心事。要說這是座愛情樂園應很貼切。不僅有愛情樂園，如想體驗當神仙的滋味，建築物上方有號稱神仙居住的涼亭、神仙的圖書館、神仙走的橋等，遊歷一圈也算是當過神仙，再回到凡間吧。

傍晚，散步至精明一街，街道兩旁的行人樹下撐起大陽傘，擺設桌椅，猶如身處悠閒的法國午後，舒服地坐在陽傘下，喝杯咖啡放空。

台南古城探險追愛地圖

　　搭上安平 88，車子穿梭在兩線道的市區，路上沒什麼人，同行的車子不多但車速始終不快，選擇在神農街下車，是因無意間看到一個柱子上貼了張 B4 大小的彩色剪報，照片中的小巷莫名地吸引我。走下公車進入神農街，果真小巷一條，不過我無法一口氣逛完，它每棟建築物都獨立有特色，一棟棟相鄰卻沒被影響成為相似的模樣，永川大轎的破爛木造牆面，顏色有白有灰有深上色有淺土色，彷彿將流轉的歲月，按照先後順序堆疊在木板上，而木門底部已被侵蝕到少了一角，主人也不在意，像是這樣比較通風，繼續在裡頭傳承木工技術。另一棟建築，已有水泥建構外牆，門窗仍是木造，窗戶是台灣早期特色，窗櫺隔出小格子鑲進玻璃，又將各式剪紙裝點玻璃，五顏六色的剪紙竟讓我感覺到異國風味，大鳴大放地，也可能是上面貼了張像是藏文的紙吧。還有棟建築就真的是洋樓了吧，兩層式的建築，凸出一塊陽台，不像是台灣古代的當地建築風格，巧合的是鐵製門窗上的花紋，全然呼應洋房樣式。每走到一間房的前面就有不同的驚喜，很難不放慢腳步。

　　神農街不長，但很好拍，甚至還有真實的廢墟，呈現名副其實的古都，沒有掩蓋卻不甘僅於懷舊，隔沒幾步路，是一棟嶄新的新西式咖啡店，招牌有中文還有日文，賣得是洋果子、輕食，提供當地人另一種選擇，更拉近與

外國觀光客的距離，讓追求多元的旅客欣賞本地。這樣的一條街，帶著歷史色彩邁向未來的腳步，是要告訴我，愛情是該帶著過往的經驗再追求下段真愛嗎？

問題持續在心中發酵，再度坐進安平 88 的車廂朝著海邊出發，有人說「沒有來走安平，等於沒有來台南。」剛進入安平地區，淡淡的海味飄進鼻息，還以為是自己想事情到恍神了呢。空氣鹹鹹的，景象熱熱鬧鬧的，騎腳踏車的、排隊吃豆花的、一家大小牽手急忙過馬路的，很難跟歷史中的安平聯想在一起，據說安平原本是座小沙洲，荷蘭人從澎湖轉向登陸安平，開始了台灣歷史，雖然現在小沙洲已跟台灣相連。

下了車，走入蜿蜒小巷的安平，我才承認自己太早下定論，這座小沙洲仍是個小鎮，巷子只有兩個人交錯的空間，整排矮房子，大門對著巷子，裡頭的人照樣過他們的生活，看電視做家事什麼的，沒在意自家被當成觀光景象。牆面上也說明他們是座靠海的小鎮，將貝殼與陶器融合變成裝置藝術，或是用磁磚拚貼的「劍獅」，或是蚵灰做的房子。城市的小孩如我，只會吃蚵仔煎、蚵仔麵線，勉強知道蚵仔外面有一層堅硬外殼，殊不知靠海吃飯的聰明祖先們，善用蚵仔厚重的外殼，燒成灰，當做建築材料蓋起了一間間的蚵灰房子，堅固又耐用。欣賞完靠海小城的獨特之處，我迷路了。

安平占地看來是小，巷弄卻錯綜複雜，可是再往大馬路一走，東南西北

又抓到方向。延平老街，說是荷蘭人建的第一條巷子，當然已經沒有「荷蘭味」，不少人在我耳邊吆喝「蝦餅買五送一」，更多人擠在賣蜜餞的小屋子裡。彎進聚集「劍獅」的賣場，「劍獅」這是鄭成功水師軍隊駐守安平時，當士兵結束操練回家，隨手將獅面盾牌掛在門外，再把刀劍橫插在盾牌上，儼然告示這戶是官兵之家，如有小偷準備行竊，自然跳過掛有「劍獅」的人家，不敢到官兵家偷東西，改偷別家，於是百姓們發現這件事，紛紛在門外掛起劍獅，防範宵小，之後便成為護民安宅的象徵，具有辟邪鎮煞的功能。

巷子藏著巷子，引領我向裡頭探險，讓我嚇了一跳，我還沒到知名月老廟參拜，怎麼月老公公就出現在我面前呢？這座叫做鄉飲大賓主題館，裡頭賣著月老手環、月老愛情鎖、月老優格，擺了月老花轎，「種」了顆愛情樹，掛了個大大的愛情鎖，繽紛有趣。一旁有個供桌，簡直是將台南知名四大月老濃縮放置此處，有醋甕、靈籤、紅線，多加相思豆，要情人們「相思莫遺

失」。只是試圖延續台南幸福城市，被爆料說這裡供奉的月老神像，實際上是南極仙翁，到底是怎麼一回事，無從得知，但我覺得南極仙翁和月老應該是好朋友，所以長得太像。不過，這裡對外國觀光客應是個很好遊玩的所在，把祈求愛情的儀式和信物全部做完全帶走，滿滿神力加持呢。

離開安平，轉搭台江 99，預計前往鹿耳門，一個明朝鄭成功最初踏上台灣本島的登入地點，說到明朝太遠，說說鹿耳門有兩座不相往來的媽祖廟，通常相鄰的廟宇在繞境時都會到別的廟宇致意，唯有這兩座廟宇，因爭吵誰是擁有鄭軍帶來的媽祖神像，而結下樑子，此事鬧得全台灣都知道。但這也不關我的事，讓我先去探訪第一間媽祖廟。

鹿耳門天后宮，面對鹿耳門港口，有個景觀公園可以散步，走入廟埕上的牌樓，抬頭見那匾牌金碧輝煌地刻著鹿耳門三個大字，到了廟埕約需走個一、兩分鐘才能進到廟宇內。正殿媽祖皆為黑面，全穿著金光閃閃的衣裳，前方的供桌擺滿信眾們向媽祖進貢的餅乾水果，手持清香虔誠地參拜，我以雙手合十致意，穿過長廊來到後殿。

後殿的左偏間供奉有主神文昌帝君，陪祀財神爺和月老公，還沒看到月

老公，一旁有個「月老姻緣服務處，鹿耳門天后宮木蘭志工隊」的牌子放在小桌子上，裡頭坐了一位媽媽級的志工，時不時起身往廟內走去，看了看信眾，見到有人盯著月老前方的紅色姻緣袋看，她便向前問著有需要什麼服務嗎？幫忙一名年輕女孩求得紅線，交待著：「不能把姻緣袋的紅線線頭放進袋裡哦，那樣月老找不到線頭就不能牽線了。」只見女孩小心翼翼地將姻緣袋置入皮包內層。

　　拿香到此殿參拜的信眾只有零星幾個，沒有求紅線的需求，志工便跟身邊的人聊起天，談到剛遇到鰥夫來求紅線卻得不到聖杯，很沮喪，並娓娓道來他的故事，接續著再說起其他來到月老面前祈求愛情和婚姻的酸甜苦辣，迴盪於昏黃的古色古香廳內，聽得在場信眾停下腳步跟著故事脈絡，表情跟著微笑或憂愁。有位中年婦女帶著年邁母親坐下來聽志工的所見所聞，婦女勸著母親：「妳聽，每個人都有不同的煩惱，聽聽別人的故事就不會覺得自己有多可憐。」

　　那句話也像是對我說，即使月老還沒幫我牽紅線，也不需自怨自艾或是自我否定，對吧？這裡的志工們不是專業的心理輔導師，卻因看過大量求姻

緣的案例，似乎練就了一套慰藉人心的工夫。

聽故事的時光總是過得特別地快，再次坐上台江 99 已是近黃昏的時候，路程不遠，到達鹿耳門聖母廟，漸漸削減的日光，落入聖母廟華麗的宮殿旁。

富麗堂皇的紫禁城，是多數參拜聖母廟的人們會讚嘆的話語，要是沒見過世面的人，如我，則是驚訝到發出「哇！哇！哇！」的尖叫聲，還興奮地將它直接替換成北京的紫禁城，算是自己真的到訪紫禁城，很可笑。該正經地向主殿媽祖及五府千歲合掌參拜，被置於近兩層樓上的媽祖，顯得尊貴神聖，如要仔細凝望，得仰頭近九十度才行。

往前走至第三殿，傳聞是全台灣數一數二厲害靈驗的月老，從踏上樓梯間開始，帶領單身男女前往月老所在地的方式，就是一張張結婚賀卡，有些已泛黃，有些舊舊的，有些不新不舊，有些新新的，一致的是笑容都相同漂亮及燦爛，惹得初次參拜的信眾們紛紛拿起相機、手機，記錄唯有聖母廟獨有的奇景。

爬上三樓，還沒找到月老，先映入眼簾的是兩道用迴廊相接的三棟廂房，再兩道迴廊串起在外層的三棟廂房，而屋頂是宮殿式的「歇山頂」，充分感受到身處皇宮的滋味，帶著一份莫名的優越感，到達左偏殿的月老面前，人群川流不息，有人來還願，有人在後頭等著求紅線，有人在觀望月老，有人則沒管月老在喝著元辰殿裡屬於自己生肖的平安茶。服務人員總在忙碌，接待完還願新人，再讓想求紅線的女孩跪在跪墊上，請她將寫完的粉紅紙，大聲地唸一遍給月老公聽，女孩害羞，音量不大，低著頭不敢觀察有多少人在看著她，就專心地認真地訴說著自己求姻緣的事情。完畢，服務人員遞上筊給她擲，一次就成功，她起身到月老面前，從祂手上取走一條紅線，再取下一只姻緣袋，交給服務人員的同時也投下香油錢，服務人員收拾好姻緣袋，讓女孩在香爐上繞三圈，這樣就完成整個儀式。然而服務人員還交待著不要輕易打開袋口，緣分會溜走的。

見女孩帶著微笑離開，連帶我也跟著嘴角上揚，有著神明允許幫忙，的

確會增添信心。元辰殿上的柱子貼有西洋臉孔的男孩和台灣當地女孩照片，說明月老牽紅線的功力不僅適用國內，還有國外哦。當然名人參拜求紅線的剪報也是見證，更有些女星們嫁入豪門呀！我這種小百姓是不需要到豪門去，卻是亂羨慕的。

　　離開月老是從另個樓梯下去，同樣是賀卡貼成牆面歡送著我，到達一樓，已見太陽的光芒與宮殿平行，走到護城河的拱橋回望，太陽還沒落下，高掛屋頂上方，透出的黃色金光將宮殿和護城河河面照得閃耀，增添了聖母廟的氣勢磅礴。

　　夕陽，是預告我該結束旅程的時刻，坐回台江 99，經過筆直寬敞的大道，重返安平、市區，猶如幫我回顧今天的旅程，台南處處是古蹟但展望未來的腳步正在加緊中，我該用這樣的態度追求我的愛情。

緣來如此，第一次拜月老就上手 環島月老靈廟

作　　　者	康瀞文
發 行 人	林敬彬
主　　　編	楊安瑜
副 主 編	黃谷光
責 任 編 輯	黃谷光
內 頁 編 排	詹雅卉（帛格有限公司）
封 面 設 計	何郁芬・戴佳琪（小痕跡設計）
出　　　版	大都會文化事業有限公司
發　　　行	大都會文化事業有限公司
	11051台北市信義區基隆路一段432號4樓之9
	讀者服務專線：(02)27235216
	讀者服務傳真：(02)27235220
	電子郵件信箱：metro@ms21.hinet.net
	網　　　址：www.metrobook.com.tw
郵 政 劃 撥	14050529 大都會文化事業有限公司
出 版 日 期	2016年07月初版一刷
定　　　價	380元
I S B N	978-986-5719-83-8
書　　　號	Master-025

First published in Taiwan in 2016 by Metropolitan Culture Enterprise Co., Ltd.
Copyright © 2013 by Metropolitan Culture Enterprise Co., Ltd.
4F-9, Double Hero Bldg., 432, Keelung Rd., Sec. 1, Taipei 11051, Taiwan
Tel: +886-2-2723-5216 Fax: +886-2-2723-5220
Web-site: www.metrobook.com.tw
E-mail: metro@ms21.hinet.net

國家圖書館出版品預行編目（CIP）資料

緣來如此,第一次拜月老就上手:環島月老靈廟 / 康
瀞文著. -- 初版. -- 臺北市:大都會文化, 2016.07
240面；17×23公分. -- (Master-025)

ISBN 978-986-5719-83-8 (平裝)

1.寺廟 2.民間信仰 3.臺灣

272.19　　　　　　　　　　　　　　　105010278

大都會文化　讀者服務卡

書名：緣來如此,第一次拜月老就上手：環島月老靈廟

謝謝您選擇了這本書！期待您的支持與建議，讓我們能有更多聯繫與互動的機會。

A. 您在何時購得本書：_____年_____月_____日

B. 您在何處購得本書：_____書店，位於_____(市、縣)

C. 您從哪裡得知本書的消息：

　　1.□書店　2.□報章雜誌　3.□電台活動　4.□網路資訊

　　5.□書籤宣傳品等　6.□親友介紹　7.□書評　8.□其他

D. 您購買本書的動機：（可複選）

　　1.□對主題或內容感興趣　2.□工作需要　3.□生活需要

　　4.□自我進修　5.□內容為流行熱門話題　6.□其他

E. 您最喜歡本書的：（可複選）

　　1.□內容題材　2.□字體大小　3.□翻譯文筆　4.□封面　5.□編排方式　6.□其他

F. 您認為本書的封面：1.□非常出色　2.□普通　3.□毫不起眼　4.□其他

G. 您認為本書的編排：1.□非常出色　2.□普通　3.□毫不起眼　4.□其他

H. 您通常以哪些方式購書‧(可複選)

　　1.□逛書店　2.□書展　3.□劃撥郵購　4.□團體訂購　5.□網路購書　6.□其他

I. 您希望我們出版哪類書籍：（可複選）

　　1.□旅遊　2.□流行文化　3.□生活休閒　4.□美容保養　5.□散文小品

　　6.□科學新知　7.□藝術音樂　8.□致富理財　9.□工商企管　10.□科幻推理

　　11.□史地類　12.□勵志傳記　13.□電影小說　14.□語言學習（_____語　）

　　15.□幽默諧趣　16.□其他

J. 您對本書(系)的建議：

_____

K. 您對本出版社的建議：

_____

讀者小檔案

姓名：_____　性別：□男　□女　生日：____年____月____日

年齡：□20歲以下 □21～30歲 □31～40歲　□41～50歲 □51歲以上

職業：1.□學生 2.□軍公教 3.□大眾傳播 4.□服務業 5.□金融業 6.□製造業

　　　7.□資訊業 8.□自由業 9.□家管 10.□退休 11.□其他

學歷：□國小或以下 □國中 □高中／高職 □大學／大專 □研究所以上

通訊地址：_____

電話：（H）_____（O）_____　傳真：_____

行動電話：_____　E-Mail：_____

◎謝謝您購買本書，歡迎您上大都會文化網站（www.metrobook.com.tw）登錄會員，
　或至Facebook（www.facebook.com/metrobook2）為我們按個讚，您將不定期收到
　最新圖書訊息與電子報。

緣來如此
第一次拜月老就上手

環·島·月·老·靈·廟

| 北 區 郵 政 管 理 局 |
| 登記證北台字第9125號 |
| 免 貼 郵 票 |

大都會文化事業有限公司

讀 者 服 務 部 　　收

11051台北市基隆路一段432號4樓之9

寄回這張服務卡〔免貼郵票〕
您可以：
◎不定期收到最新出版訊息
◎參加各項回饋優惠活動